W0044653

Indische Weisheit

Eine Bücher-Reihe herausgegeben von

J. HERBERT und L. REYMOND

SWAMI VIVEKANANDA

JNANA-YOGA

Der Pfad der Erkenntnis

Erster Band

VERLAG HERMANN BAUER KG
FREIBURG/BR.

5. Auflage

Übersetzung aus dem Englischen
von
Frank Dispeker

Druck: oke-Druck Kehrer KG, Freiburg

JSBN 3-7626-0406-1

INHALTSVERZEICHNIS

In Sanskritworten ist j = dsch

ch = tsch

Jnana sprich Dschnana

VORWORT

Swami Vivekananda war der erste indische Weise, der erste große Yogin, der das Abendland besucht hat. Wohl hatten vor ihm Hindus wie Ram Mohan Roy und Keshab Chunder Sen, beeindruckt von den westlichen religiösen, wissenschaftlichen und anderen Anschauungen, wertvolle Verbindungen mit dem Abendlande hergestellt; unsere Gelehrten wiederum studierten einen großen Teil der heiligen indischen Schriften und haben uns deren Form und Inhalt, wenn auch nicht immer sehr tiefgründig, vermittelt; einige wie Graßmann, Böhtlingk, Roth und Weber schmiedeten daraus vorzügliche Arbeitswerkzeuge, und andere wie Max Müller und Paul Deußen leiteten aus den Veden und den Upanischaden ein philosophisches System ab. Wenige Abendländer, wie zum Beispiel Sturdy überwanden sogar den Rassendünkel, der zu jener Zeit unseren Horizont verdüsterte, gingen in die Schneeberge des Himalaya und die glühenden Ebenen, um zu den Füßen der Weisen die lebendige Botschaft des ewigen Indiens zu empfangen. Vivekananda aber war der erste anerkannte Meister des Hinduismus, der mit einer amerikanischen und europäischen Hörerschaft unmittelbar Fühlung nahm. Er war der erste, der die beiden unerläßlichen Voraussetzungen erfüllte: einer-

seits hatte er, belehrt von seinem Meister Rama-
krishna, in den reinen Gefilden der indischen Weisheit gelebt, und war andererseits mit dem Geist und
der Zivilisation Europas vertraut. So konnte er das
Wissen Indiens dem Abendländer in verständlicher
Form nahebringen, ohne Indien zu verraten.

Vivekananda hat wenig geschrieben. Von einigen
Reiseberichten, die für indische Zeitschriften bestimmt waren, und einer ziemlich umfangreichen
Korrespondenz abgesehen, stammt aus seiner Feder
nur eine einzige, kurze Studie über Raja-Yoga, die
er, dem Wunsche einiger Schüler willfahrend, in die
Feder diktierte und später einer Durchsicht unter-
zog. Aber auf seinen Reisen durch Amerika, England
und Frankreich spendete er in Vorlesungen, Plaude-
reien und Konversationen rückhaltslos aus seinem
reichen Wissensschatze. Eifrige Schüler sammelten
Notizen in großer Zahl; der Engländer Goodwin
nahm sogar einen beträchtlichen Teil der Vorlesungen stenographisch auf. Diese mehr oder weniger
vollständigen, aber fast immer getreuen Niederschriften sind es, die den wichtigsten Teil dessen
bilden, was man heute Vivekanandas »Werke« nennt:
Jnana-Yoga, Bhakti-Yoga, Karma-Yoga, Mein Meister, Vedanta, Gespräche auf den Tausend Inseln
und noch einige Schriften von geringerer Bedeutung.

Jnana-Yoga ist eine Sammlung von Vorträgen,
die beinahe alle, einer vom anderen unabhängig, in
den großen Städten Amerikas und Englands gehalten

worden sind. Die Zuhörerschaft, aus den verschiedenartigsten Elementen zusammengesetzt, hatte zum
größten Teil nicht die geringste Vorkenntnis über
das behandelte Thema, ein Umstand, der Vivekananda zwang, fast bei jeder seiner Vorlesungen mit
seinen Erläuterungen von vorne zu beginnen. Zweifellos ist das gedruckte Wort nicht imstande, dem
Leser das zu vermitteln, was die imposante Erscheinung Vivekanandas, seine hinreißende Beredsamkeit,
seine die Herzen öffnende Stimme und seine tiefe
Weisheit denjenigen zu geben vermochten, die den
Vorzug hatten, den Swami sprechen zu hören. Den
meisten von ihnen, die seiner Person nahen durften,
wurde durch diese Begegnung ein Stempel fürs
Leben aufgedrückt.

So wie das Buch heute vorliegt, ist Jnana-Yoga
mehr als irgend eine andere Ausführung belehren-
den Inhalts geeignet, uns jene eigentümliche Mischung
von Intellekt, Gefühl, Willen, Psychologie und
Mystik nahe zu bringen, auf der die Weisheit und
der Geist Indiens beruhen.

Während vor ungefähr fünfzehn bis zwanzig Jahren die ersten Veröffentlichungen der Werke Vivekanandas und seines genialen Biographen Romain
Rolland * von der Elite des Abendlandes als dunkel
und unzugänglich betrachtet wurden, ist man jetzt
versucht, dem anderen Extrem zu verfallen und sie

* Das Leben Vivekanandas und sein universales Evangelium
(Rotapfel-Verlag, Zürich).

als eine Art Vorschule anzusehen, die man ohne weiteres überspringen dürfe, um sich gehaltreicherer geistiger Nahrung zuzuwenden. Dieser Gesinnungswechsel, der wahrlich die größte Anerkennung ist, die man dem Einfluß der beiden bedeutenden Reformatoren zu zollen vermag, könnte aber leicht zu falschen Schlußfolgerungen führen. Ich spreche aus eigener Erfahrung, wenn ich sage: Ich habe Jnana-Yoga gründlich studiert, habe es Wort für Wort übersetzt, es mit vielen von Vivekanandas direkten Schülern bis in die kleinsten Einzelheiten diskutiert und es mehr als zwanzigmal gelesen. Nichtsdestoweniger bleibt Jnana-Yoga für mich eine Wissensquelle, aus der ich jedesmal neu schöpfe, wenn ich beispielsweise anläßlich einer neuen Uebersetzung oder einer neuen Auflage das Buch wiederum zur Hand nehme. Jnana-Yoga ist nicht nur die unerläßliche Einführung in das indische Gedankengut für den Neuling, sondern es bleibt auch die klare, frische, unmittelbare Quelle, zu der zurückzukehren man jederzeit gut tut, sobald man Gefahr läuft, sich in metaphysische Spitzfindigkeiten oder in yogische Akrobatik zu verlieren. Die vorliegende Uebersetzung ist klar und gewissenhaft und vermittelt dem deutschen Leser den Geist Vivekanandas zweifellos besser als irgend eine vorher erschienene.

Jean Herbert

DER KOSMOS

Der Makrokosmos

Schön sind die Blumen, die wir um uns erblicken, schön ist der Aufgang der Morgensonne, schön sind die bunten Farben der Natur. Das ganze Weltall ist schön, und der Mensch hat sich seit seinem Erscheinen auf der Erde daran erfreut. Erhaben und ehrfurchtgebietend sind die Berge, die riesigen, rauschenden Ströme, die sich zum Meere hinwälzen, die pfadlosen Wüsten, das unendliche Meer, das gestirnte Firmament. Seit undenklicher Zeit hat die Fülle des Seins, die wir Natur nennen, den menschlichen Geist und das menschliche Denken beeinflußt und die Frage in uns hervorgerufen: »Was ist dies alles und woher kommt es?« Schon in den ältesten Teilen der Veden, den weitaus frühesten Schriften der Menschheit, wird diese Frage erhoben:

> Als weder Etwas war, noch Nichts,
> Und Finsternis gehüllt in Finsternis,
> Wo war die Welt? Wer schloß sie ein?
> Wer möchte das Geheimnis wohl ergründen *?

Und die gleiche Frage ist auch zu uns in die Gegenwart gedrungen. Millionenmal hat man versucht, sie

* Rig Veda-Schöpfungshymne.

zu beantworten und millionenmal wird sie wieder
und wieder beantwortet werden müssen. Nicht, daß
jede Antwort ein Fehlschlag gewesen wäre; jede Antwort auf diese Frage enthielt einen Teil der Wahrheit, und diese Wahrheit gewinnt an Kraft, je weiter
die Zeit fortschreitet. Wir wollen versuchen, in großen Zügen die Antwort vorzutragen, welche die alten
indischen Philosophen gaben und sie in Einklang mit
der modernen Erkenntnis bringen.

Wir finden in dieser ältesten aller Fragen einige
Punkte bereits geklärt. Der erste ist: es gab eine Zeit,
da weder ›Etwas war noch Nichts‹, da diese Welt
nicht existierte. Unsere Mutter Erde, mit ihren Seen
und Meeren, ihren Flüssen und Gebirgen, ihren Städten und Dörfern, mit ihren Menschen, Tieren und
Pflanzen, die Planeten und die leuchtenden Himmels-
körper, diese ganze unendliche Mannigfaltigkeit der
Schöpfung war nicht vorhanden. Sind wir dessen
sicher? Wir wollen versuchen zu ergründen, wie man
zu diesem Schlusse kam.

Was sehen wir, wenn wir um uns blicken? Nehmen wir eine kleine Pflanze. Wir setzen ein Samen-
korn in die Erde, und kurze Zeit darauf lugt eine
Pflanze hervor, die sich langsam über den Boden erhebt und wächst und wächst, bis sie zu einem riesigen
Baume wird. Dann stirbt sie und läßt nur den Samen
zurück. Sie vollendet den Kreislauf, sie kommt aus
dem Samen, wird zum Baume und endet im Samen.
Nehmen wir einen Vogel: aus dem Ei kommt er, lebt

sein Leben, hinterläßt andere Eier, Samen zukünftiger
Vögel, und stirbt. Wie bei den Tieren so beim Menschen. Alles in der Natur entsteht gleichsam aus gewissen Samenformen, aus gewissen Ansätzen, feinen *
Gestaltungen, wird grob * und gröber, geht auf diesem
Wege eine Zeit lang vorwärts, kehrt wiederum zu
seiner feineren Form zurück und verschwindet. Der
Regentropfen, in dem der liebliche Strahl der Sonne
sich spiegelt, kam aus dem Meere in Form von
Dampf, erhob sich weit empor in die Luft, wo er in
einer gewissen Höhe zu Wasser verwandelt wurde
und fiel nieder in seiner gegenwärtigen Form, um
wiederum in Dampf verwandelt zu werden. Das
gleiche Spiel sehen wir überall in der uns umgebenden Natur. Wir wissen: die mächtigen Gebirge werden von Gletschern und Flüssen langsam, aber sicher
zermürbt und zu Sand zerrieben, der ins Meer ge-
schwemmt wird; dort sinkt er auf den Meeresboden,
bildet Schicht auf Schicht, türmt sich zu harten Fel-
sen und zu Riesengebirgen zukünftiger Generationen
auf, um wiederum zerstäubt und zerrieben zu werden. Dies ist ihr Lauf: aus Sand entstehen diese Gebirge, zu Sand werden sie wieder.

Wenn es wahr ist, daß die Natur unter allen Umständen einheitlich ist, wenn es wahr ist — und soweit hat keine menschliche Erfahrung dem wider-
sprochen — daß die gleiche Methode, nach der ein

---

* Fein und grob bezeichnen hier lediglich den Grad der Wahr-
nehmbarkeit.

kleines Sandkorn erschaffen wurde, auch bei der
Schöpfung der riesenhaften Sonnen und Sterne und
dieses ganzen Weltalls wirksam war, wenn tatsächlich das ganze Universum nach dem gleichen Plan
aufgebaut ist wie das Atom und überall im Weltall
das gleiche Gesetz herrscht, dann ist es wahr, was
die Veden sagen: »durch Erkennung eines Erdklümp-
chens wird alles, was aus Erde besteht, erkannt«.
Nehmen wir eine kleine Pflanze und studieren ihr
Leben, so kennen wir das ganze Weltall, wie es ist.
Wenn wir ein Sandkorn kennen, dann verstehen wir
das Geheimnis des ganzen Weltalls.

Diese Denkweise auf die Erscheinungswelt angewandt, läßt von vornherein erkennen: alles gleicht
sich am Anfang und am Ende. Das Gebirge entsteht
aus Sand und wird wieder zu Sand, der Fluß entsteht aus Dampf und wird wieder zu Dampf, die
Pflanze geht aus dem Samen hervor und wird wieder
Samen, das menschliche Leben entsteht aus Samen
und kehrt zurück zum Samen. Das Weltall mit seinen Sternen und Planeten entstand aus einer Nebel-
masse und muß wieder zu dieser zurück. Was sehen
wir daraus? Das Sichtbargewordene, das gröbere
Stadium ist die Wirkung und das feinere Stadium
die Ursache. Vor Tausenden von Jahren hat Kapila,
der Vater aller Philosophie, verkündet, Zerstörung
bedeute nichts anderes als die Rückkehr zum Ursprung. Wenn dieser Tisch hier zerstört wird, kehrt
er zurück zu seinem Ursprung, zu jenen feineren For-

men und Teilchen, die, zusammengesetzt, diese Form
darstellen, Tisch genannt. Wenn der Mensch stirbt,
dann kehrt er zu den Elementen zurück, aus denen
sein Körper bestand, und wenn diese Erde untergeht, wird sie sich in jene Elemente auflösen, die ihr
Gestalt gaben. Zerstörung ist demnach die Rückkehr
zur Ursache, denn Wirkung und Ursache sind nicht
von einander verschieden, sie sind dasselbe, nur die
Form hat gewechselt. Betrachten wir beispielsweise
dieses Glas, das aus einer bestimmten Menge Material und der Kraft der Hände des Handwerkers ge-
formt wurde. Dies sind die Ursachen, — die hand-
werkliche und stoffliche Ursache — die das Glas
hervorgebracht haben. Das Glas ist also lediglich ein
Sichtbarwerden dieser feinen Ursachen in neuer
Form, und wenn es zerbricht, wird die Adhäsions-
kraft zu ihrem ursprünglichen Element zurückkehren, während die Glasteilchen solange bestehen bleiben, bis sie neue Formen annehmen.

Die Wirkung ist demnach nie von der Ursache
verschieden, sondern ist nur ein Wiedererstehen der
Ursache in veränderter Form, und alle Fomen, die
wir Pflanzen, Tiere oder Menschen nennen, wiederholen sich, ad infinitum, im Aufsteigen und Verfallen. Der Baum bringt den Samen hervor, und dieser
wird zum Baume; Wassertropfen fließen von den
Bergen zum Meer, werden zu Dampf, gehen zu den
Bergen zurück und vereinen sich wieder mit dem
Meere. Dies ist der Lauf alles Lebens, das wir sehen,

fühlen, hören oder uns vorstellen können. Alles, was
sich innerhalb der Grenzen unseres Wissens befindet,
vollzieht sich in dieser Weise, auch das Ein- und
Ausatmen im menschlichen Körper. Alles in der
Schöpfung geht den gleichen Weg. Eine Welle steigt,
eine andere fällt, steigt und fällt wieder, und jeder
Wellenberg hat sein Wellental und jedes Tal seinen
Wellenberg. Das Weltall ist gleichförmig, und deshalb ist das gleiche Gesetz im ganzen Universum
gültig. Dieses Weltall muß zu seinem Ursprung zurückkehren; Sonne, Mond und Sterne, Erde und
Körper gehen zurück zu ihren Ausgangsformen, verschwinden, werden gleichsam zerstört. Aber sie leben
weiter in der feineren Form, und aus dieser werden
sie sich wiederum erheben zu neuen Erden, Sonnen,
Monden und Sternen.

Bei dieser Aufwärts- und Abwärtsbewegung ist
eine weitere Tatsache zu beachten. Der Baum entsteht aus dem Samen, aber nicht unmittelbar, sondern erst nach einer Periode scheinbarer Ruhe, in
der aber tatsächlich eine sehr feine, unsichtbare
Tätigkeit vor sich geht. Der Samen arbeitet eine Zeitlang unter der Erde, bricht entzwei, verfällt gleichsam, und aus diesem Verfall entsteht die Wiedergeburt. Im Anfang muß das gesamte Weltall ebenfalls eine Zeitlang in dieser winzigen Form, nicht
sichtbar und nicht offenbar, tätig gewesen sein; dieser Zustand wird Chaos genannt, und aus ihm entsteht eine neue Schöpfung. Die gesamte Periode einer

solchen Kundgebung, nämlich die Rückbildung in die feineren Formen, das Verharren in diesen für eine gewisse Zeit und die Wiedergeburt wird in Sanskrit Kalpa oder Zyklus genannt.

Nun erhebt sich eine, besonders für die heutige Zeit, wichtige Frage. Soweit ist es klar geworden, daß die feineren Formen langsam und allmählich grob und immer gröber werden, daß Ursache und Wirkung gleichartig sind, also die Wirkung nur eine andere Form der Ursache ist. Das ganze Weltall kann demnach nicht aus dem Nichts entstanden sein, da ja nichts ohne Ursache geschieht.

Woraus ist dann dieses Weltall hervorgegangen? Aus einem vorhergehenden, feineren Weltall. Woraus ist der Mensch hervorgegangen? Aus einer vorhergehenden, feineren Form. Woraus ist der Baum entstanden? Aus dem Samen; der Baum war im Samen enthalten und wird sichtbar, wenn er hervorsprießt. Genau so wurde dieses Universum eben aus jenem Weltall der kleinsten Form erschaffen. Es wurde sichtbar gemacht, wird in diese kleinste Form zurückgehen und wieder offenbar werden. Diese feinen Formen entwickeln sich langsam zu groben und gröberen, bis sie ihre Grenze erreicht haben; und sobald sie diese Grenze erreichen, findet die Rückbildung zu feinen und feineren Gestaltungen statt. Dieser Vorgang der Bildung aus dem Feinen zum Groben, der gleichsam nur eine Änderung in der Anordnung der einzelnen Teile ist, wird in modernen Zeiten Entwicklung genannt. Das ist absolut richtig, und wir sehen es in unserem Leben; kein vernünftiger Mensch kann mit diesen Entwicklungstheoretikern streiten. Aber etwas dürfen wir nicht außer Acht lassen. Wir müssen einen Schritt weiter gehen und feststellen, daß jeder *Ent*wicklung eine *Ein*wicklung vorausgehen muß. Der Samen ist der Vater des Baumes, aber ein anderer Baum war seinerseits der Vater dieses Samens. Aus der feinen Samenform kommt der große Baum, und dieser große Baum war im Samen eingeschlossen. Das Gesamte dieses Weltalls war bereits im feinen kosmischen Weltall gegenwärtig. Die kleine Zelle, die sich zum Menschen entfaltet, war nichts anderes als der eingefaltete Mensch. Wenn das klar ist, haben wir keinen Streit mit den Evolutionisten. Geben sie diesen Vorgang zu, dann werden sie der Religion helfen, statt sie zu zerstören.

Wir stellen also fest, nichts kann aus Nichts erschaffen werden. Alles besteht seit Ewigkeit und wird in Ewigkeit bestehen. Aber die Bewegung vollzieht sich wellenförmig: Rückbildung zu feinen Formen und Neubildung zu gröberen. Diese Einfaltung und Entfaltung geht durch die ganze Natur. Die ganze Entwicklungsreihe von der niedrigsten Manifestation des Lebens bis hinauf zum höchsten, vollkommenen Menschen ist nur möglich, wenn etwas eingefaltet war. Die Frage ist, was war eingefaltet? Gott. Der Evolutionist wird dieser Idee natürlich widersprechen, weil damit behauptet wird, Gott ist

Intelligenz, und weil er findet, daß Intelligenz erst viel später im Laufe der Entwicklung auftritt. Intelligenz ist zu finden beim Menschen und bei höheren Tieren, doch hat es Millionen von Jahren gedauert, bevor die Intelligenz in der Welt erschien. Dieser Einwand der Entwicklungstheoretiker hält nicht stand, wenn wir unsere Theorie zur Anwendung bringen. Der Baum entsteht aus dem Samen und geht zu ihm zurück: Anfang und Ende sind gleich. Wenn das richtig ist, dann muß diese ganze Entwicklungsreihe vom Protoplasma am einen Ende zum vollkommenen Menschen am andern Ende *ein einziges* Leben sein. Wenn wir am Ende den vollkommenen Menschen finden, dann muß er auch am Anfang schon dagewesen sein. Daher war das Protoplasma die Einhüllung der allerhöchsten Intelligenz. Gleichgültig ob dies erkannt wird oder nicht, ist es diese eingehüllte Intelligenz, die sich langsam enthüllt, bis sie im vollkommenen Menschen offenbar wird.

Das kann mathematisch bewiesen werden. Wenn das Gesetz von der Erhaltung der Kraft richtig ist, dann kann man aus einer Maschine nichts herausholen, was man nicht vorher in sie hineingetan hat. Die Summe von Arbeit, die man aus einer Maschine herausholt, ist genau gleich der Summe, die man vorher in Form von Wasser und Kohle hineingetan hat, nicht mehr und nicht weniger. Die Arbeit, die jemand leisten kann, entspricht genau dem, was er in Form von Luft, Nahrung und anderen Dingen sich zugeführt hat. Der ganze Vorgang ist nur eine Frage der Verwandlung und des Sichtbarwerdens. Diesem Haushalt des Weltalls kann nicht die winzigste Menge von Materie oder Kraft hinzugefügt, noch kann die winzigste Menge von Kraft oder Materie aus ihm entfernt werden. Wenn das so ist, was ist dann diese Intelligenz? Wenn sie nicht im Protoplasma gegenwärtig war, dann muß sie wohl ganz plötzlich erschienen sein, etwas, das aus dem Nichts entstand, — eine unsinnige Annahme. Die unfehlbare Schlußfolgerung kann nur die sein: der vollkommene, der freie, der Gott-Mensch, der die Grenzen der Natur überschritten, alles hinter sich gelassen und diesen Entwicklungsprozeß beendet hat, der jenseits von Geburt und Tod steht — dieser Mensch, den die Christen den »Christus-Menschen«, die Buddhisten den »Buddha-Menschen« und die Yogis den »Freien Menschen« nennen, — dieser vollkommene Mensch, der am einen Ende der Entwicklungskette steht, war eingehüllt in der Protoplasmazelle, die am andern Ende derselben Kette steht.

Wenden wir die gleiche Überlegung auf das gesamte Weltall an, so erkennen wir, Intelligenz muß der Herr der Schöpfung sein und ihre Ursache. Was ist die höchste Vorstellung, die der Mensch vom Weltall hat? Es ist Intelligenz, die Teil zu Teil fügt. Intelligenz also war der Anfang. Diese Intelligenz war zu Beginn eingefaltet und entfaltet sich am Ende. Die Gesamtsumme der Intelligenz, die sich im Weltall

befindet, muß daher die eingefaltete, allumfassende,
sich entfaltende Intelligenz sein. Es ist diese allumfassende Intelligenz, die wir Gott nennen. Mit welchem Namen wir immer sie benennen mögen, es ist
absolut sicher, daß am Anfang jene unendliche kosmische Intelligenz war. Diese kosmische Intelligenz
ist eingefaltet, und sie entfaltet sich, offenbart sich,
bis sie zum vollkommenen Menschen wird, dem
»Christus - Menschen«, dem »Buddha - Menschen«.
Dann kehrt sie zu ihrer eigenen Quelle zurück. Deshalb predigen alle heiligen Schriften: »In Ihm leben,
weben und sind wir«. Deshalb predigen alle heiligen
Schriften, daß wir von Gott kommen und zu Gott
zurückkehren. Erschrecken wir nicht vor theologi-
schen Benennungen; wenn uns Worte schrecken, können wir keine Philosophen sein. Diese kosmische Intelligenz ist es, die von den Theologen Gott genannt
wird.

Warum gebrauchen wir dieses alte Wort Gott?
Weil es das beste Wort ist. Kein besseres könnten
wir finden, weil alle Hoffnungen und Sehnsüchte,
das ganze Glück der Menschheit, in diesem Wort zu-
sammengefaßt sind. Es ist unmöglich, jetzt dieses
Wort zu ändern. Solche Worte wurden zuerst von
großen Heiligen geprägt, die ihren Sinn verwirklichten und ihre Bedeutung verstanden. Durch alltäglichen Gebrauch im Munde unwissender Menschen
geht ihr Glanz und ihr Geist verloren. Das Wort
Gott ist seit undenklichen Zeiten gebraucht worden,

und jene kosmische Intelligenz und alles, was hehr
und heilig ist, verknüpft sich damit. Sollen wir es
etwa verwerfen, weil irgend ein Narr sagt, es sei
nicht das richtige? Und irgend ein anderer wird
kommen und sagen: »Nimm mein Wort«, und kein
Ende wäre abzusehen vor lauter törichten Worten.
Gebrauchen wir ruhig das alte Wort, aber gebrauchen wir es in seinem wahren Geiste, läutern wir es
von allem Aberglauben und werden wir uns klar
darüber, was dieses große alte Wort bedeutet. Wer
die Macht der Ideen-Assoziation kennt, wird wissen,
daß mit solchen Worten unzählige machtvolle und
hoheitsvolle Ideen verknüpft sind. Millionen von
menschlichen Seelen gebrauchen diese Worte, verehren sie und verbinden mit ihnen alles, was erhaben
und großartig, alles was intelligent und liebenswert,
alles was edel und hochherzig ist in der menschlichen
Natur. Dies sind die Ideen, die solche Worte in uns
auslösen, und sie können nicht aufgegeben werden.

Hätten wir alles dies nur durch die Feststellung
ausgedrückt: »Gott hat die Welt erschaffen«, dann
wäre der Sinn dessen, was zu sagen beabsichtigt war,
nicht klar geworden. So aber, nach vielem Bemühen,
kehren wir zurück zu Ihm, dem Erhabensten, Einen.

Nunmehr verstehen wir: alle die verschiedenen
Formen dieser kosmischen Energie, wie Materie,
Kraft, Intelligenz, Gedanke und so fort, sind einzig
und allein die Kundgebung jener kosmischen Intelligenz, oder des Erhabenen Herrn, wie sie fortan

genannt sei. Alles, was wir sehen, fühlen oder hören, das ganze Weltall, ist Seine Schöpfung, oder um es etwas genauer auszudrücken, ist aus Ihm hervorgegangen, oder, um es noch genauer zu sagen, ist der Herr selbst. Er ist es, der als Sonne scheint und als Stern leuchtet, Er ist die Mutter Erde, und Er ist das Weltmeer. Er kommt als der leise Regenschauer, Er ist die linde Luft, die wir einatmen und Seine Kraft ist es, die in unserem Körper wirksam ist. Er ist das Wort, das gesprochen wird, und Er ist der Mann, der es spricht. Er ist die Hörerschaft, die lauscht, Er ist die Plattform, auf der ich stehe, und Er ist das Licht, das die Gesichter der Anwesenden beleuchtet. Alles ist Er. Er ist der Stoff, aus dem die Welt besteht, und die Intelligenz, die sie durchdringt. (Causa materialis und causa efficiens.) Er ist es, der in der winzigen Zelle eingehüllt ist und sich am anderen Ende als Gott enthüllt. Er kommt herab als winziges Atom; langsam und allmählich Seine Natur offenbarend, vereinigt Er Sich mit Sich Selbst. Dies ist das Geheimnis des Weltalls.

> Du bist die Frau, Du bist der Mann,
> Das Mädchen und der Knabe,
> Du bist der altersschwache Greis,
> Wahrlich, Du bist alles *.

---

* Swetasvatara Upanischad. (Alle Upanischad-Zitate sind, wenn nicht anderweitig vermerkt, einer neuen Übersetzung entnommen, die zur Zeit in Bearbeitung ist. Ihr Erscheinen ist im Rascher-Verlag für das Jahr 1949 geplant.)

Dies ist die einzige Erklärung des Kosmos, die den menschlichen Geist befriedigt. In einem Wort: Wir kommen von Ihm, wir leben in Ihm, und zu Ihm kehren wir zurück.

DER KOSMOS

Der Mikrokosmos

Der Mensch hat die natürliche Neigung, nach außen zu streben, sozusagen durch die Kanäle der Organe aus dem Körper nach außen zu schauen. Das Auge muß sehen, das Ohr hören, und die Sinne müssen die Außenwelt empfinden, weil die Schönheit und Erhabenheit der Natur die Aufmerksamkeit des Menschen zu allererst fesselt. Die ersten, die menschliche Seele bewegenden Fragen bezogen sich auf die äußere Welt. Die Lösung des Geheimnisses wurde vom Himmel, von den Himmelskörpern, von der Erde, den Flüssen, den Bergen und dem Meere erfragt. In allen alten Religionen finden wir Anzeichen, wie das suchende menschliche Gemüt sich mit dem befaßte, was außerhalb war. Es gab einen Flußgott, einen Himmelsgott, einen Wolkengott, einen Regengott. Alles Äußere, alles, was wir die Naturmächte nennen, wurde verwandelt und umgestaltet in Willen, in Götter oder Himmelsboten. Als das Fragen tiefer und tiefer ging, konnten jene äußerlichen Kundgebungen den menschlichen Verstand nicht mehr zufriedenstellen, und schließlich wandte sich die Suche nach innen, und die Frage wurde an die eigene menschliche Seele gestellt. Vom Makrokosmos

wurde die Frage zum Mikrokosmos, von der Außenwelt wurde sie auf die innere Welt zurückgestrahlt.
Die Untersuchung der äußeren Natur führt den Menschen zur inneren Natur, und diese Befragung des
inneren Menschen geht Hand in Hand mit einem
höheren Stand der Zivilisation, mit einer tieferen
Einsicht in die Natur und mit der Erreichung einer
höheren Entwicklungsstufe.

Keine Frage ist dem menschlichen Herzen näher
und teurer als die nach dem inneren Menschen. In
wievielen Ländern, wie oft ist. diese Frage gestellt
worden! Weise und Könige, Reiche und Arme, Heilige und Sünder, jeder Mann und jede Frau, alle
haben von Zeit zu Zeit die Frage gestellt: Gibt es
nichts Bleibendes in diesem dahinschwindenden
menschlichen Dasein? Gibt es etwas, so fragten sie,
das nicht untergeht, wenn dieser Körper stirbt?
Wenn dieser äußere Rahmen zu Staub zerfällt, gibt
es nichts, was fortlebt, nichts, das den Leib, der
vom Feuer zu Asche verbrannt wird, überlebt? Und
wenn, was ist sein Schicksal? Wohin geht es? Woher
kommt es? Wieder und wieder wurden diese Fragen
gestellt, und solange diese Schöpfung besteht und
Menschen denken können, werden sie immer wieder
gefragt werden. Wir dürfen jedoch nicht glauben,
die Antwort sei nicht gegeben worden; sie wurde
jedesmal gegeben, und mit fortschreitender Zeit wird
diese Antwort mehr und mehr an Kraft gewinnen.
Vor Tausenden von Jahren wurde die Frage ein

für alle Male beantwortet, und in allen folgenden
Zeitaltern wurde sie neu dargestellt, neu erläutert
und unserem Verständnis näher gebracht. Unsere
Aufgabe ist deshalb nicht, eine Neudarlegung der
Frage zu geben. Wir maßen uns nicht an, neues Licht
auf diese allumfassenden Probleme zu werfen, sondern wir wollen die alte Wahrheit in der Sprache
unserer Zeit, die Gedanken der Alten in der Sprache
der Modernen, die Ideen der Philosophen in der
Sprache des Volkes, die Gedanken der Engel und die
Gedanken Gottes in der Sprache der armen Menschheit ausdrücken, so daß der Mensch sie verstehen
kann. Denn die gleiche göttliche Wesenheit, von der
diese Ideen ausströmen, ist im Menschen stets gegenwärtig, und er kann sie daher immer verstehen.

Ich sehe jemanden an. Was ist alles notwendig,
um zu sehen? Erstens die Augen, denn man mag in
jeder anderen Hinsicht vollkommen sein, wenn man
keine Augen hat, kann man nicht sehen. Zweitens,
das eigentliche Sehorgan, denn die Augen sind nicht
die Organe, sondern nur die Sehwerkzeuge, und das
eigentliche Organ, das Nervenzentrum im Gehirn,
befindet sich hinter ihnen. Wenn dieses Zentrum verletzt ist, kann der Mensch auch mit den klarsten
Augen nicht sehen. Dieses Zentrum, das wahre
Organ, ist daher unbedingt notwendig, und zwar für
alle unsere Sinne. Das äußere Ohr ist nur das Werkzeug, um die Schallschwingungen dem Zentrum zu-
zuleiten. Doch das genügt nicht.

Angenommen, wir sind in das Lesen eines Buches vertieft; eine Uhr schlägt, aber wir hören es nicht. Der Schall ist da, die Luftschwingungen, das Ohr und das Nervenzentrum, alles ist da; die Schallschwingungen werden durch die Luft dem Ohr zugetragen, und doch hören wir nicht. Warum nicht? Weil unser Sinn abgelenkt ist. Neben dem äußeren Werkzeug und dem Organ, zu dem dieses äußere Werkzeug die Empfindung hinleitet, ist noch etwas notwendig: nämlich unser Sinn, der mit dem Organ in Verbindung tritt. Wenn er nicht mit dem Organ verbunden ist, dann mögen Ohr und Organ den Eindruck aufnehmen, aber wir werden uns des Vorgangs nicht bewußt. Der Sinn ist aber auch nur ein Zwischenträger, der die Empfindung weiterleitet und sie dem Intellekt darbietet. Der Intellekt ist die Fähigkeit, das Dargebrachte zu unterscheiden und zu bestimmen. Aber auch das genügt noch nicht. Auch der Intellekt ist nur ein Überbringer, der das Ganze dem Herrscher im Körper, der menschlichen Seele, dem König auf dem Throne darbietet. Von ihm kommt der Befehl, was zu tun oder zu unterlassen ist, und der Befehl geht in derselben Reihenfolge zurück, zum Intellekt, zum Sinn, zu den Organen; die Organe leiten ihn zu den Werkzeugen, und die Wahrnehmung ist vollendet.

Die Instrumente befinden sich im äußeren, groben Körper des Menschen, aber die psychischen Organe befinden sich in dem, was in der Hindu-Philosophie

der feinere Körper genannt wird. Er ist viel, viel feiner als der physische Leib, aber er ist nicht die
Seele. Die Seele ist jenseits von all diesem. Der
äußere Körper vergeht in wenigen Jahren, jeder
kleinste Anlaß beeinflußt ihn und kann ihn vernichten. Der feinere Leib ist nicht so leicht zerstörbar,
aber auch er erlebt Zeiten der Stärke und Zeiten der
Schwäche. Wir sehen, zum Beispiel, wie bei alten
Menschen Sinne und Verstand schwach werden, wir
sehen, daß in einem kräftigen Körper auch der Geist
kräftig und gesund ist. Der feinere Leib ist durch
verschiedene Drogen und Medikamente zu beeinflussen, alles Äußere wirkt auf ihn, und er reagiert auf
alles Äußere. Genau wie die physischen Organe Aufstieg und Verfall unterworfen sind, so auch die psychischen Organe. Diese können nicht die Seele sein,
denn die Seele kann weder entarten noch verfallen.

Aber woher wissen wir das? Wie können wir wissen, daß hinter diesem feineren Leib, der den psychischen Organismus trägt, noch etwas anderes ist?
Weil auch *dieser* Leib eine Kombination von Materie
ist, wenn auch einer viel feineren als der Materie,
aus welcher der physische Körper zusammengesetzt
ist. Das Wissen aber, das mit seinem eigenen Glanze
leuchtet und die Basis der Intelligenz ist, kann nicht
träger, toter Materie angehören. Intelligenz kann
nimmermehr das Wesen der groben Materie sein.
Keine träge oder grobe Materie leuchtet durch ihren
eigenen Glanz. Es ist Intelligenz, die alle Materie er-

hellt. Ein Haus steht nur durch Intelligenz, weil
seine Existenz als Haus unbekannt wäre, hätte nicht
Intelligenz es erbaut. Der Leib hat keine eigene Intelligenz; wenn er sie hätte, dann müßte auch der
Leib eines Toten noch intelligent sein. Ebensowenig
kann auch der sogenannte feine Leib Intelligenz besitzen. Sein Wesen kann nicht Intelligenz sein; denn
das, was mit seinem eigenen Lichte leuchtet, kann
nicht erlöschen. Der Glanz, der durch ein geborgtes
Licht scheint, kommt und geht. Aber wie sollte das,
was selbst Licht ist, kommen und gehen, blühen und
verfallen? Der Mond nimmt zu und ab, weil er durch
geborgtes Licht scheint. Wenn man Eisen ins Feuer
legt und es zur Rotglut erhitzt, glänzt und leuchtet
es, aber das Leuchten vergeht, weil es geborgt ist. Der
Glanz, der geborgt ist, erlischt, aber der Glanz, dessen
ureigenes Wesen das Licht ist, bleibt unvergänglich.

Intelligenz ist also nicht das Wesen des äußeren
Körpers, noch ist es das Wesen des sogenannten feineren Körpers, denn beide sind veränderlich und vergänglich. Daher ist der Glanz, mit dem unser Verstand
leuchtet, nicht sein eigener Glanz. Wessen Glanz ist
es dann? Er kann nur dem angehören, dessen ureigen-
stes Wesen Licht ist, und das deshalb weder erlöschen
noch sterben, weder schwächer noch stärker werden
kann: es scheint durch seinen eigenen Glanz, es ist
das Leuchten selbst.

Die Seele weiß nicht, sie *ist* Wissen; die Seele
kann nicht glücklich sein, sie *ist* Glück. Was glück-

lich ist, hat sein Glück entliehen, was Wissen hat,
hat sein Wissen empfangen. Was relatives Dasein
hat, hat nur ein reflektiertes Dasein. Wo immer
Eigenschaften sind, werden diese Eigenschaften auf
die Substanz reflektiert, aber Wissen, Sein und
Glückseligkeit sind keine Eigenschaften der Seele,
sie sind ihr Wesen.

Nun könnte man sich die Frage vorlegen: Warum
soll Wissen, Sein und Glückseligkeit das Wesen der
Seele sein, warum sollte nicht auch die Seele sie geborgt haben? Warum sollte nicht auch die Seele
ihren Glanz, ihre Glückseligkeit, ihr Wissen ebenso
entliehen haben, wie der Körper sich Glanz von
Verstand und Gemüt entleiht? Deshalb, weil man
diese Frage ad infinitum fortsetzen könnte; es ist
daher logisch, Halt zu machen, sobald man Licht
selbst, Intelligenz selbst antrifft.

Das menschliche Wesen besteht also aus der äußeren Hülle, dem physischen Leib, dann dem feineren
Leib, dem Träger des psychischen Organismus und
des Ichgefühls. Hinter ihnen steht das wahre Selbst
des Menschen. Alle Eigenschaften des groben Körpers sind von den Sinnen, dem Verstand und dem
Gemüt entliehen, während der feinere Körper seine
Kräfte und seinen Glanz von der Seele entleiht, die
hinter ihm steht.

Viele Fragen erheben sich über die Natur dieser
Seele. Wenn wir die Existenz der Seele annehmen
auf Grund des Arguments, sie scheine mit ihrem eige-

nen Lichte, ihr innerstes Wesen sei Sein, Wissen und
Glückseligkeit, dann folgt natürlicherweise, daß die
Seele nicht erschaffen sein kann. Eine selbststrah-
lende Existenz, die von jeder anderen Existenz unabhängig ist, kann nicht aus etwas anderem entstanden sein. Die Seele war immer. Es gab keine Zeit,
da sie nicht war. Denn wenn die Seele nicht war,
wo sollte die Zeit gewesen sein? Die Zeit ist in der
Seele; erst wenn die Kräfte der Seele auf den Intellekt ausstrahlen, kann ein Gedanke entstehen, und
erst mit dem Gedanken kommt die Idee von Zeit.
Ohne Seele gäbe es keine Gedanken, und ohne Gedanken gäbe es keine Zeit. Wie kann man von der
Seele sagen, sie existiere in der Zeit, da doch die
Zeit selbst in der Seele existiert. Die Seele kennt
weder Geburt noch Tod, sie durchläuft diese Stadien.
Sie offenbart sich langsam und allmählich vom Niederen zum Höheren. Sie gibt ihrer eigenen Größe
Ausdruck, indem sie durch Verstand und Gemüt auf
den Leib wirkt, und durch diesen erfaßt sie die
Außenwelt und versteht sie. Sie greift einen Körper
auf, benutzt ihn, bis er schwach und verbraucht ist;
dann sucht sie einen anderen Körper, und so schreitet
die Entwicklung fort.

　　Hier taucht ein sehr interessantes Problem auf,
das Problem, das allgemein als Reinkarnation der
Seele bekannt ist. Bisweilen erschrecken die Menschen bei diesem Gedanken, und der Aberglaube ist
so groß, daß sogar denkende Menschen glauben, sie

seien aus dem Nichts entstanden, um dann mit groß-
artiger Logik die Theorie zu verfechten, sie würden,
obwohl sie aus dem Nichts kamen, nachher ewig bestehen. Wer aus dem Nichts hervorgegangen ist, wird
unfehlbar zum Nichts zurückkehren müssen. Niemand aber ist aus dem Nichts entstanden, und niemand wird daher zum Nichts zurückkehren. Wir alle
sind von Ewigkeit an gewesen und werden ewig sein,
und es gibt keine Macht unter der Sonne oder über
der Sonne, die unser Dasein ungeschehen machen
und uns ins Nichts zurücksenden könnte. Diese Idee
der Wiedergeburt hat nicht nur nichts Erschrek-
kendes, sondern sie ist wesentlich für das moralische
Wohlergehen der Menschheit und die einzig logische
Schlußfolgerung, zu der denkende Menschen gelangen können. Wenn wir künftig in Ewigkeit existieren werden, dann müssen wir auch in der Vergangenheit ewig existiert haben, anders kann es nicht sein.

Wir wollen versuchen, einige der Einwände, die
gegen diese Theorie vorgebracht werden, zu wider-
legen. Der erste Einwand lautet: warum erinnern
wir uns nicht an unsere Vergangenheit? Erinnern wir
uns an unsere ganze Vergangenheit in diesem Leben?
Wer erinnert sich an die Zeit, da er ein Säugling
war? Niemand entsinnt sich seiner frühesten Kindheit. Wenn unser Dasein von unserem Gedächtnis
abhängt, dann bewiese dieser Einwand, daß wir als
Säuglinge nicht existierten, weil wir uns an jene
Zeit nicht erinnern. Es ist unvorstellbarer Unsinn,

daß unser Dasein von unserer Erinnerung abhängen
soll. Warum sollten wir uns an die Vergangenheit
erinnern? Jenes Gehirn ist dahin, und ein neues Gehirn hat sich gebildet. Die Beschaffenheit dieses
neuen Gehirns ist bedingt durch die Gesamtsumme
der in unserer Vergangenheit empfangenen Eindrücke, mit denen versehen die psychischen Organe
den neuen Körper bewohnen werden.

Wie wir hier sind, sind wir die Wirkung, das Ergebnis der uns anhängenden, unendlichen Vergangenheit. Warum sollten wir uns dieser Vergangenheit
entsinnen? Dieser Einwurf des Nichterinnerns ist
nicht stichhaltig, und er ist der einzige ernsthafte,
der gegen unsere Theorie erhoben wurde. Aber darüber hinausgehend sind wir sogar in der Lage zu
versichern, daß es Beispiele gibt, in denen diese Erinnerung kam, und daß jeder von uns diese Erinnerung in dem Leben zurückerhalten wird, in welchem
er die endgültige Freiheit erlangt. Dann erst werden
wir entdecken: das Leben ist nur ein Traum, dann
erst werden wir in der Seele unserer Seele erleben:
wir sind nur Schauspieler, und die Welt ist eine
Bühne, dann erst wird die Idee des Nicht-an-den-
Dingen-Haftens uns mit Donnergewalt erfassen.
Diese Sucht nach Vergnügen, dieses Sich-Anklam-
mern an das Leben und die Welt wird für immer
vergehen, und klar wie das Tageslicht werden wir
sehen, wie viele Male wir das alles schon erlebt
haben, wie viele millionen Male wir Väter und Müt-

ter, Töchter und Söhne, Gatten und Gattinnen, Ver-
wandte und Freunde hatten und Wohlstand und
Macht besaßen. Sie kamen und gingen. Wie oft waren
wir auf dem Gipfel des Erfolges und wie oft im Tale
der Verzweiflung! Wenn unser Gedächtnis uns all
dieses wiederzeigen wird, werden wir dastehen wie
Helden und lächeln, wenn die Welt uns finster an-
blickt. Dann allein werden wir sagen können: »Ich
fürchte auch dich nicht, o Tod, was kannst du mir
anhaben?« Und jeder Einzelne wird dies erleben.

Gibt es Argumente und auf Vernunft gegründete
Beweise, die für die Wiedergeburt der Seele sprechen? Es gibt positive Beweise und zwar außerordentlich kräftige. Nur diese Theorie der Wiedergeburt ist imstande zu erklären, wieso die Menschen
so verschiedenartig reagieren, wenn es sich darum
handelt, Wissen zu erwerben. Wollen wir uns zuerst
den Vorgang überlegen, durch den Wissen erworben
wird. Nehmen wir an, wir sehen auf der Straße einen
Hund. Woher wissen wir, daß es ein Hund ist? In
unserem Verstande befinden sich Gruppen aller unserer vergangenen Erfahrungen, gewissermaßen in
Fächer geordnet. Sobald wir einen neuen Eindruck
empfangen, nehmen wir ihn auf, versuchen ihn in
eines der Fächer einzureihen, und sobald wir eine
Gruppe gleicher, schon vorhandener Eindrücke finden, ordnen wir ihn in diese Gruppe ein und sind
befriedigt. Wir wissen, es ist ein Hund, weil der
Eindruck mit bereits vorhandenen Eindrücken über-

einstimmt. Wenn wir Eindrücke verwandter Natur
nicht vorfinden, sind wir unbefriedigt, und dieser
Zustand des Unbefriedigtseins wird »Unwissenheit«
genannt. Wenn wir aber einen neu erhaltenen Eindruck mit bereits vorhandenen verwandten Eindrük-
ken vergleichen können, sind wir überzeugt, und
nennen diesen Zustand »Wissen«. Als *ein* Apfel fiel,
war man unbefriedigt, bis man allmählich ausfindig
machte, daß alle Äpfel fielen, und damit das Gesetz
entdeckte, das man »Schwerkraft« nennt. Ohne einen
Fundus an bereits vorhandenen Erfahrungen ist es
demnach nicht möglich, neue Erfahrungen zu machen,
weil nichts da wäre, worauf man den neuen Eindruck
beziehen könnte.

Käme ein Kind ohne jedes Wissen auf die Welt,
gleichsam tabula rasa, wie manche europäische Philosophen behaupten, so wäre es außerstande, irgend
eine Stufe intellektueller Fähigkeit zu erreichen, weil
nichts vorhanden wäre, womit es seine neuen Erfahrungen vergleichen könnte. Die Fähigkeit, Kenntnisse
zu erwerben, ist in jedem Individuum verschieden,
was beweist, daß jeder von uns mit einem eigenen
Fundus an Wissen geboren wird. Kenntnis kann einzig und allein auf dem Wege der Erfahrung erworben werden; es gibt keinen anderen Weg; und wenn
die Erfahrung nicht in diesem Leben gemacht wurde,
dann muß dies in einem anderen Leben geschehen
sein. Wie ist die allen gemeinsame Furcht vor dem
Tode zu erklären? Ein Kücken ist eben aus dem Ei

gekrochen, ein Adler kommt, und angsterfüllt flieht das Kücken zu seiner Mutter. Die übliche Erklärung (man sollte sie kaum dieses Wortes würdigen) ist der Instinkt. Wieso erschrickt dieses eben aus dem Ei gekrochene Kücken vor dem Tode? Wieso geht ein junges, von einem Huhn ausgebrütetes Entchen ins Wasser und schwimmt, sobald es Wasser sieht? Es wußte nichts von Wasser und ist nie zuvor geschwommen. Man nennt das Instinkt. Das ist freilich ein großes Wort, aber es bringt uns keinen Schritt weiter. Wir wollen dieses Phänomen Instinkt etwas näher betrachten. Ein Kind beginnt Klavier zu spielen; zuerst muß es auf jede Taste aufmerksam achten, aber nach Monaten und Jahren fortgesetzter Übung wird das Spiel fast unwillkürlich instinktiv. Was anfangs mit bewußtem Willen geschah, erfordert später keine Willensanstrengung mehr. Doch das ist noch kein vollständiger Beweis. Es bleibt noch zu sagen, daß fast alle jene Handlungen, die jetzt instinktiv sind, unter die Kontrolle des Willens gebracht werden können. Es ist wohlbekannt, daß jeder Muskel des Körpers unter Kontrolle gebracht werden kann. Was ist durch diese zweifache Methode bewiesen? Was wir jetzt Instinkt nennen, waren früher willkürliche Handlungen. Wenden wir dies analog auf die ganze Schöpfung an, denn die gesamte Natur ist einheitlich, dann ist der Instinkt beim Tier sowohl wie beim Menschen nichts anderes als verwandelter Wille.

Wenden wir das beim Makrokosmos besprochene
Gesetz an, daß jede Entfaltung eine Einfaltung und
jede Einfaltung eine Entfaltung bedingt, so finden
wir: Instinkt ist eingefaltete Vernunft. Was wir Instinkt nennen, muß also eingefaltete, entartete, ge-
wollte Handlung sein, und Willenshandlungen sind
ohne Erfahrung unmöglich. Durch Erfahrung wurde
jenes Wissen erworben, und dieses Wissen ist nunmehr vorhanden. Die Todesfurcht, die Anziehung,
die das Wasser auf die Ente ausübt, und alle jene
unwillkürlichen Handlungen beim Menschen, die instinktiv geworden sind, sind das Ergebnis früherer
Erfahrungen. So weit ist alles klar, und so weit ist
auch die neueste Wissenschaft mit uns einig. Aber
jetzt taucht eine weitere Schwierigkeit auf. Die
neuesten Wissenschafter finden zurück zu den alten
Weisen, und soweit sie das tun, stimmen wir mit
ihnen überein. Sie geben zu: jeder Mensch und jedes
Tier ist mit einem Fundus von Erfahrung geboren
und alles, was in ihrem Inneren vorgeht, ist das Ergebnis früherer Erfahrungen. »Aber weshalb«, so
fragen sie, »sollten jene Erfahrungen der Seele angehören? Warum nicht dem Körper und diesem
allein? Warum sollten sie nicht erblich übertragen
sein?« Dies ist die letzte Frage: warum sollten nicht
alle Erfahrungen, mit denen wir geboren werden, das
Endergebnis aller früheren Erfahrungen unserer Vorfahren sein? Die Gesamtsumme aller Erfahrung, angefangen vom Protoplasma bis zum höchsten

menschlichen Wesen, ist in uns, aber sie ist von Körper zu Körper im Wege erblicher Übertragung auf uns gekommen. Wo steckt die Schwierigkeit? Wir stimmen dieser erblichen Übertragungstheorie zu, soweit die Lieferung des Materials in Frage kommt. Unsere früheren Handlungen bestimmen uns, eine Geburt nur in einem ganz bestimmten Körper zu suchen und das allein passende Material für einen solchen Körper kommt von den Eltern, die am besten geeignet sind, gerade diese Seele als ihren Sprößling zu empfangen.

Die einfache Erblichkeitstheorie hält es, ohne irgend einen Beweis, für selbstverständlich, geistige Erfahrung könne in Materie enthalten oder eingeprägt sein. Wenn wir jemanden anschauen, entsteht in uns eine Gemütsbewegung. Diese Bewegung legt sich, aber ein Eindruck bleibt in feiner Gestaltung zurück. Wir verstehen wohl, wie ein physischer Vorgang einen Eindruck im Körper zurücklassen kann, aber welchen Beweis haben wir, daß auch ein psychischer Vorgang einen solchen Eindruck im Körper, der doch zugrunde geht, zurückläßt? Was wäre der Träger solcher Eindrücke? Nehmen wir einmal die Möglichkeit an, jeder psychische Vorgang hinterließe einen Eindruck im Körper, und alle diese Eindrücke seit dem ersten Menschen bis herab zu unserem Vater wären im Körper dieses Vaters aufbewahrt, wie könnten sie auf uns übertragen werden? Durch die Keimzelle? Wie wäre das möglich, da das Kind doch

nicht den ganzen Körper des Vaters erbt? Die gleichen Eltern haben eine Anzahl von Kindern. Nach
dieser Theorie von der erblichen Übertragung sind
der Eindruck und das, was beeindruckt wird (in
diesem Falle also das Material) eins, woraus unfehlbar folgen würde, daß bei der Geburt jedes Kindes
die Eltern einen Teil ihrer eigenen Eindrücke verlieren würden; oder, falls die Eltern die Gesamtheit
ihrer Eindrücke übertragen sollten, dann wären sie
nach der Geburt des ersten Kindes ein geistiges
Vakuum.

Wenn tatsächlich die unendliche Summe aller
Eindrücke aller Zeiten in der Keimzelle enthalten
sein sollte, so fragen wir, wie und wo sind sie? Es
ist eine ganz unmögliche Annahme, und so lange jene
Naturforscher nicht beweisen können, wie und wo
solche Eindrücke in diesen Zellen existieren und was
sie eigentlich meinen, wenn sie von einem geistigen
Eindruck sprechen, der in einer physischen Zelle
ruht, so lange können wir ihren Standpunkt nicht
teilen. Für uns ist es klar, daß Gefühle und Gedanken Eindrücke zurücklassen in Gemüt und Verstand,
dem feinen Leib, der geboren und wiedergeboren
wird und das für diese Wiedergeburt geeignete Material benützt. Je nach seiner Beschaffenheit sucht
er einen ganz bestimmten neuen Körper und muß
warten, bis er das Material zu einem solchen findet.
Die Theorie läuft alsdann darauf hinaus: erbliche
Übertragung findet statt, insoweit die Lieferung des

Materials an die Seele in Betracht kommt. Die Seele
jedoch wandert und formt Körper um Körper; jeder
Gedanke, den wir denken, und jede Tat, die wir tun,
bleibt in ihr in feiner Form aufgespeichert, bereit
in neuer Gestalt wieder zu erstehen. Alle unsere Gefühle und Gedanken sind in Form von Eindrücken
in uns aufbewahrt; versehen mit der Kraft, die sich
aus der Gesamtsumme jener Eindrücke zusammensetzt, gehen wir in den Tod. Der Vergleich mit einem
Ball drängt sich auf, der in einem geschlossenen
Raume von allen Seiten hin und her geschlagen wird
und dann schließlich zur Türe hinausfliegt; die Kraft,
die sich aus der Gesamtsumme jener Schläge zusammensetzt, trägt ihn hinaus und bestimmt seine
Richtung. Was also bestimmt die Richtung der Seele,
wenn der Körper stirbt? Die Gesamtsumme aller
Taten, die sie getan und aller Gedanken, die sie gedacht hat. Je nach diesem Ergebnis muß sie sich
einen neuen Körper schaffen um weitere Erfahrungen zu sammeln, und sie wird sich diejenigen Eltern
auswählen, die bereit sind, sie mit dem Material aus-
zustatten, das sie für diesen Körper benötigt. Körper
nach Körper wird sie aufnehmen, einmal im Himmel
und ein anderes Mal auf der Erde, bald als Mensch
und bald als irgend ein Tier, und sie wird das so
lange fortsetzen, bis sie am Ende ihrer Erfahrungen
angelangt ist und den Kreislauf beendet hat. Dann
wird sie wissen, was sie ist, und ihr wahres Wesen
erkennen; verschwinden wird die Unwissenheit, ihre

Macht wird offenbar, und sie wird vollkommen sein.
Dann hat die Seele es nicht mehr nötig, durch physische oder feinere oder geistige Leiber zu wirken,
sie leuchtet mit ihrem eigenen Lichte, sie ist frei:
ohne Geburt und ohne Tod.

Wir wollen an dieser Stelle nicht auf Einzelheiten
eingehen, einen Punkt jedoch möchten wir im Zusammenhang mit der Reinkarnationstheorie näher
beleuchten. Sie ist die einzige Theorie, welche die
Freiheit der menschlichen Seele voraussetzt, die einzige, die nicht von dem unter den Menschen weit-
verbreiteten Irrtum ausgeht, die Schuld für alle
unsere Schwächen auf andere zu schieben. Wie die
Augen nicht sich selbst, sondern nur die Augen der
anderen sehen, so sehen wir unsere eigenen Fehler
nicht. Solange wir die Schuld auf andere schieben
können, werden wir Menschen lange zögern, die eigenen Fehler und Schwächen zu erkennen. Im Leben
ist es allgemein üblich, die Schuld auf die Mitmenschen abzuladen, und wenn das nicht geht, dann auf
Gott; oder man beschwört ein Gespenst herauf und
nennt es Schicksal. Wo ist Schicksal, und wer ist
Schicksal? Wir ernten, was wir gesät haben. Wir
selbst schmieden unser eigenes Schicksal; niemand
sonst ist zu tadeln und niemand sonst zu loben. Der
Wind weht, und die Schiffe, die ihre Segel entfaltet
haben, fangen ihn auf und gehen ihren Weg, aber
diejenigen, welche die Segel eingezogen haben, können den Wind nicht einfangen. Ist das der Fehler des

Windes? Ist es die Schuld des allgütigen Vaters, dessen Gnadenbrise ununterbrochen Tag und Nacht
weht, dessen Gnade unerschöpflich ist; ist es Seine
Schuld, wenn manche von uns glücklich und manche
unglücklich sind? Wir selbst schaffen unser Schicksal. Seine Sonne scheint dem Schwachen und dem
Starken, Sein Wind weht dem Heiligen und dem
Sünder; Er ist der Herr über alle, der Vater aller,
barmherzig und unparteiisch. Sollen wir vielleicht
glauben, Er, der Herr der Schöpfung, sehe die un-
wichtigen Angelegenheiten unseres Lebens im gleichen Lichte wie wir? Welch' unwürdige Vorstellung
von Gott! Wie junge Hündchen kämpfen wir hier
unten auf Leben und Tod und glauben in unserer
Dummheit, der Herr selbst nehme alles das so ernst
wie wir. Er weiß, was das Spiel der Hündchen zu
bedeuten hat. Unsere Versuche, die Schuld auf Ihn
zu schieben, Ihn zum Strafenden und Belohnenden
zu machen, sind töricht. Weder straft Er, noch be-
lohnt Er. Seine unendliche Güte ist für alle da,
zu jeder Zeit, an jedem Orte, unter allen Umständen,
unfehlbar und unerschütterlich. An *uns* ist es, sie zu
benützen. Tadeln wir weder Mensch, noch Gott, noch
irgend jemand in der Welt, wenn wir leiden; klagen
wir uns selbst an und versuchen wir, es besser zu
machen.

Dies ist die einzige Lösung des Problems. Diejenigen, die andere beschuldigen, sind meist elend
und hilflos; sie haben ihre Lage durch ihre eigenen

Fehler verschuldet; andere zu tadeln, wird sie nicht
aus dieser Lage befreien und kann ihnen nichts nützen. Im Gegenteil, der Versuch, anderen die Schuld
zu geben, macht sie schwächer und schwächer.
Tadeln wir deshalb niemanden für unsere Fehler,
sondern stellen wir uns auf die eigenen Füße und
nehmen wir die ganze Verantwortung auf uns. Sagen
wir uns: »Ich selbst habe mich in diese elende Lage
gebracht, und ich allein bin imstande, mich aus ihr
zu befreien.« Was ich selbst geschaffen habe, kann
ich auch zerstören. Erheben wir uns, seien wir kühn
und stark und nehmen wir die ganze Verantwortung
auf unsere eigenen Schultern. Wir allein sind die
Gestalter unseres Schicksals, alle Macht und alle
Hilfe, die wir brauchen, liegt in uns selbst, und wir
selbst bestimmen unsere Zukunft. »Laßt die Toten
ihre Toten begraben.« Die unendliche Zukunft liegt
vor uns. Laßt uns dessen eingedenk sein: Jedes Wort,
jeder Gedanke, jede Tat bleiben als Eindruck in uns
zurück, und die üblen Gedanken und Taten sind
bereit, uns anzufallen wie Tiger. Wir wollen nur
gute Gedanken denken und gute Taten tun; sie werden uns mit der Macht von hunderttausend Engeln
beschützen für immer und ewig.

DIE NOTWENDIGKEIT DER RELIGION

Keine Macht ist gewaltiger, keine hat das Schicksal der Menschheit mehr beeinflußt als die Macht, deren Kundgebung Religion genannt wird. Im Hintergrunde aller gesellschaftlichen Einrichtungen ist irgendwo die Wirksamkeit dieser besonderen Macht zu spüren, und keine andere hat so sehr zum Zusammenschluß menschlicher Gruppen beigetragen wie sie. Es ist offensichtlich, daß sich in sehr vielen Fällen die Bande der Religion als stärker erwiesen haben als jene der Rasse, des Klimas oder selbst der Herkunft. Es ist eine wohlbekannte Tatsache: Menschen des gleichen religiösen Glaubens haben mit größerer Standhaftigkeit und Ausdauer zueinander gestanden, als solche der gleichen Abstammung und selbst als Brüder. Mannigfache Versuche sind gemacht worden, um die Anfänge der Religion zu entdecken. Alle alten Religionen, die bis auf die heutige Zeit überliefert sind, erheben den Anspruch, sie seien übernatürlichen Ursprungs und verdankten ihre Entstehung nicht dem menschlichen Gehirn, sondern einer höheren Macht.

Zwei Theorien haben bei den modernen Gelehrten eine gewisse Zustimmung gefunden. Nach der einen Theorie ist der Ahnenkultus der Anfang aller Religionen, nach der anderen ist die Entwicklung der

Idee des Unendlichen, die Personifizierung der Na-
turgewalten ihr Ursprung. Der Mensch liebt es, das
Gedächtnis an seine toten Anverwandten zu bewahren und im Glauben, sie lebten auch nach der Auflösung des Körpers noch, hat er den Wunsch, ihnen
Nahrung zu reichen und sie in einem gewissen Sinne
zu verehren. Hieraus erwuchs das, was wir Religion
nennen. Wenn wir die alten Religionen der Ägypter,
Babylonier, Chinesen und vieler anderer Völker studieren, finden wir sehr deutliche Spuren dieses
Ahnenkultus als den Anfang der Religion. Bei den
alten Ägyptern herrschte die frühe Vorstellung, die
Seele sei der eine Teil eines Doppelwesens. Jeder
menschliche Körper enthalte ein zweites, ihm sehr
ähnliches Wesen und wenn der Mensch sterbe, ver-
lasse dieses Zweite den Körper und lebe weiter. Dieser Doppelgänger könne jedoch nur so lange leben,
als der tote Leib unversehrt bleibe. Das ist der
Grund, weshalb die Ägypter so viel Sorgfalt darauf
verwandten, den Körper unverletzt zu erhalten. Deshalb bauten sie große Pyramiden, in denen die Leiber aufbewahrt wurden, denn falls irgend ein Teil
des äußeren Körpers verletzt würde, glaubte man,
daß auch der Doppelgänger die gleiche Verletzung
erleide. Dies ist klar und deutlich Ahnenkult. Bei
den alten Babyloniern finden wir die gleiche Vorstellung von einem Zwillingswesen, aber mit einer
Abweichung. Dieser Doppelgänger verlor jedes Gefühl für Liebe und flößte den Lebenden Angst ein,

um Essen und Trinken und andere Hilfeleistungen
zu erlangen; weder für das eigene Weib noch für
die eigenen Kinder zeigte er noch Zuneigung. Auch
bei den alten Hindus finden wir Spuren von Ahnen-
verehrung, und von den Chinesen kann man sagen,
die Grundlage ihrer Religion sei der Ahnenkultus,
der auch noch heute dieses unermeßliche Land
durchdringt und der die einzige Religion ist, die in
China wirklich Fuß fassen konnte. Die Idee, der
Ahnenkultus sei der Anfang aller Religion, scheint
demnach viel für sich zu haben.

Auf der anderen Seite stehen die Gelehrten, die an
Hand der alten arischen Literatur nachweisen, daß
Religion ihren Ursprung in der Anbetung der Natur
hat. Obwohl in Indien überall Beweise von Ahnen-
verehrung zu finden sind, enthalten die ältesten Berichte wie das Rig-Veda Samhita, nichts davon.
Moderne Wissenschafter glauben dort Anzeichen von
Naturanbetung zu finden, ein Ringen des menschlichen Geistes um einen Blick hinter die Kulissen.
Die Morgendämmerung, der Abend, der Sturmwind,
die überwältigenden, riesenhaften Kräfte der Natur
und ihre Schönheiten haben den menschlichen Geist
angeregt und das Bestreben in ihm hervorgerufen,
über jene Kräfte hinaus zu blicken, um sie verstehen
zu können. In diesem Ringen legt man jenen Erscheinungen persönliche Eigenschaften bei und ver-
leiht ihnen schöne oder auch überirdische Gestalten.
Jeder solcher Versuch endigt damit, daß diese Er-

scheinungen zu persönlichen Abstraktionen werden.
Die ganze Mythologie der alten Griechen ist ebenfalls nichts anderes als abstrahierte Naturanbetung,
und das gleiche gilt für die alten Germanen, die
Skandinavier und alle anderen arischen Völker.
Vieles spricht demnach ebenfalls für die Annahme,
die Religion habe ihren Ursprung in der Personifizierung der Naturmächte.

Diese beiden scheinbar sich widersprechenden
Ansichten können auf einer dritten Ebene in Einklang gebracht werden, auf der wohl der wahre
Ursprung der Religion zu suchen ist, und die wir
den Kampfplatz für die Überschreitung der Sinnesgrenzen nennen möchten. Der Mensch sucht entweder
nach den Geistern seiner Vorfahren, den Geistern
der Toten, weil er wissen möchte, was nach der
Auflösung des Körpers geschieht, oder weil er die
hinter den erstaunlichen Naturerscheinungen wirk-
same Macht kennen möchte. Wie dem auch sei, zweifellos versucht er, die Sinnesgrenzen zu überschreiten, weil er sich mit seinen Sinneseindrücken nicht
zufrieden geben kann.

Die Erklärung ist nicht geheimnisvoll. Sie deutet
natürlicherweise auf den Traum hin, in dem wohl
der erste Schimmer der Religion und der erste Gedanke an Unsterblichkeit aufgeleuchtet sein moch-
ten. Ist der Traumzustand nicht höchst wundersam?
Sehen wir nicht, wie Kinder und primitive Menschen
zwischen Traum- und Wachzustand kaum einen

Unterschied machen? Wenn sie nun bemerken, wie
selbst im Schlafe, wenn der Körper scheinbar tot ist,
der Geist in seinen verwickelten Tätigkeiten weiter
arbeitet, ist es dann verwunderlich, wenn die Menschen den Schluß ziehen, dieselbe Tätigkeit setze sich
auch nach der endgültigen Auflösung des Körpers
fort? Kann es eine bessere Erklärung für den Glauben an das Übernatürliche geben, und erhebt sich
nicht der Mensch durch diese Traumvorstellung zu
immer höheren Erkenntnissen? Natürlich mußte man
gar bald entdecken, wie jene Träume, in denen der
Mensch keine neue Existenzform hatte, im Wach-
zustande nicht bestätigt wurden, und wie sich im
Traume die Erfahrungen des Wachzustandes nur
wiederholten.

Aber die Suche hatte begonnen, und diese Suche
richtete sich nach innen; man forschte tiefer nach
den verschiedenen Stadien des Bewußtseins und entdeckte höhere Zustände als den Wach- und Traumzustand. Alle Religionen der Welt kennen sie und
nennen sie entweder Ekstase oder Inspiration. Alle
organisierten Religionen behaupten, ihre Gründer,
Propheten und Apostel, hätten Bewußtseinszustände
erlebt, die weder Wachen noch Schlaf waren. In
solchen Zuständen seien sie von Angesicht zu Angesicht Geschehnissen gegenübergestanden, die dem
Reiche des Geistes angehören, und hätten alles weitaus intensiver wahrgenommen, als wir es im Wach-
zustande tun. Nehmen wir beispielsweise die Religion

der Brahmanen. Die Veden sind, so sagt man, von
Rischis geschrieben, das heißt von Weisen, die bestimmte Tatbestände erkannt hatten. Die genaue De-
finition des Sanskritwortes Rischi ist: ein Seher von
»Mantrams«, das heißt, von Gedanken, die in den
vedischen Hymnen übermittelt werden. Diese Männer behaupten, sie hätten gewisse Dinge erlebt —
gefühlt, wenn man dieses Wort auf das Übersinn-
liche anwenden kann —, die sie alsdann niederschrieben. Die gleiche Wahrheit finden wir sowohl
bei den Juden als auch bei den Christen berichtet.

Eine Ausnahme könnte im Falle der Buddhisten
gemacht werden, soweit sie der südlichen Sekte angehören. Man könnte einwenden, wieso die Buddhisten ihre Religion von einem übernatürlichen Bewußtseinszustand herleiten können, wenn sie doch
nicht an einen Gott oder eine Seele glauben? Auch
die Buddhisten anerkennen ein ewiges Moralgesetz,
und dieses Gesetz war nicht in der gewöhnlichen
Bedeutung des Wortes verstandesmäßig begründet,
sondern Buddha entdeckte es in einem übersinnlichen Bewußtseinszustand. Wer das Leben Buddhas
kennt, wie es kurz in jenem schönen Gedichte: »Die
Leuchte Asiens« beschrieben ist, wird sich erinnern,
wie Buddha unter einem Feigenbaume sitzend dargestellt wird, wo er jenen übersinnlichen Bewußtseinszustand erlangt. Seine ganze Lehre gründet sich
auf dieses Erlebnis und nicht auf verstandesmäßige
Überlegungen.

Alle Religionen machen demnach die sehr wichtige Feststellung, der menschliche Geist sei fähig, in gewissen Augenblicken nicht nur über die Sinnesgrenzen, sondern auch über den Verstand hinaus zu gelangen, um sich alsdann Dingen gegenüber zu befinden, die man weder hätte fühlen, noch ausdenken können. Diese Erlebnisse bilden die Grundlage aller Weltreligionen. Selbstverständlich sind wir berechtigt, diese Feststellungen zu bestreiten und sie einer Prüfung durch den Verstand zu unterwerfen; nichtsdestoweniger erheben alle bestehenden Weltreligionen den Anspruch, der menschliche Geist besitze die besondere Macht, die Sinnes- und Verstandesgrenzen zu überschreiten, und sie erklären diese Macht für eine feststehende Tatsache.

Wenn wir die Erörterung der Frage beiseite stellen, wie weit diese von den Religionen vorgebrachten Dinge wahr sind, finden wir ein charakteristisches Merkmal, das ihnen allen gemeinsam ist. Im Gegensatz zu den konkreten Entdeckungen der Naturwissenschaften handelt es sich hier durchwegs um Abstraktionen. Diese nehmen in den hochorganisierten Religionen die reinste Form einer Einheits-Abstraktion an, sei es in Gestalt einer »abstrakten Gegenwart« als ein allgegenwärtiges Wesen, eine abstrakte Persönlichkeit, Gott genannt, oder als ein Moral-Gesetz, sei es in Gestalt eines abstrakten Seins, das aller Existenz zu Grunde liegt. In neuerer Zeit wurde der Versuch gemacht, Religion zu predigen,

ohne sich auf den übersinnlichen Bewußtseinszustand
zu berufen, aber auch hier mußte man auf die alten
Abstraktionen der Vorfahren zurückgreifen, nur gab
man ihnen andere Namen wie »Moralgesetz« oder
»Ideelle Einheit« und so fort, was beweist, daß jene
Abstraktionen nichts mit den Sinnen zu tun haben.

Niemand hat je einen idealen, vollkommenen
Menschen gesehen, und doch gibt es ohne ein solches Ideal keinen Fortschritt. Allen Religionen gemeinsam ist demnach jene Tatsache einer Ideal-
Einheits-Abstraktion, sei es in Gestalt einer Person
oder eines unpersönlichen Wesens, eines Gesetzes,
einer Gegenwart oder aber eines Seins. Unser ganzes
Bemühen ist, uns zu diesem Ideal emporzuringen.
Jedem menschlichen Wesen schwebt das Ideal einer
unendlichen Macht, einer unendlichen Glückseligkeit
vor. Fast alle Handlungen, die rings um uns geschehen, die überall sichtbare Tätigkeit, verdanken wir
dem Ringen um diese unbegrenzte Macht und Glückseligkeit. Manche freilich entdecken gar bald, daß
jenes Ziel nicht durch die Sinne erreichbar ist oder,
in anderen Worten, sie finden Sinne und Körper zu
begrenzt, um das Unbegrenzte auszudrücken. Es ist
unmöglich, das Unendliche durch das Endliche zu
offenbaren. Früher oder später lernt der Mensch, den
Versuch aufzugeben, das Unbegrenzte durch das Begrenzte ausdrücken zu wollen. Dieses Aufgeben, dieser Verzicht darauf, einen solchen Versuch zu unter-
nehmen, nämlich Entsagung, ist die Basis aller Ethik.

Niemals gab es ein ethisches Gesetz, das nicht Entsagung zur Grundlage hatte.

Ethik sagt stets: »Nicht ich, sondern Du«; ihr Motto ist: »Nicht das Selbst, sondern das Nicht-Selbst«. Das ethische Gesetz sagt: gib die eitle Vorstellung des Individualismus auf, an die sich der Mensch klammert, wenn er jene unendliche Macht, jenes unendliche Glück durch die Sinne zu erreichen sucht. Setze *dich* hintenan und den *anderen* voran. Die Sinne sagen: »Ich zuerst«. Die Ethik sagt: »Zuletzt ich«. Alle ethischen Gesetze sind auf diesen Verzicht gegründet; Abbau, nicht Aufbau des Individuums auf der materiellen Ebene. Es ist unmöglich und undenkbar, das Unendliche könnte je seinen Ausdruck im Bereich der Materie finden; deshalb muß der Mensch die Materie aufgeben und sich zu anderen Sphären aufschwingen, um dort einen gültigen Ausdruck jenes Unendlichen zu suchen. Auf dieser Grundlage sind die verschiedenen ethischen Gesetze zustande gekommen, aber ihre zentrale Idee ist ewige Selbstverleugnung, vollkommene Selbstvernichtung. Vollkommene Selbstvernichtung ist ihr Ideal. Die Menschen schrecken vor dem Gedanken zurück, ihre Individualität zu vergessen oder sie vielleicht gar zu verlieren. Aber dieselben Menschen anerkennen gleichzeitig die höchsten Ideale der Ethik als richtig, ohne dessen eingedenk zu sein, daß das Ziel, der Zweck und die Idee aller Ethik die Vernichtung des Individuums ist, und nicht seine Förderung.

Maßstäbe der Nützlichkeit können die ethischen Beziehungen zwischen Menschen nicht erklären, denn aus Nützlichkeitserwägungen können von vornherein keine ethischen Gesetze abgeleitet werden. Ohne den Begriff des Überbewußten kann es keine Ethik geben, ohne das Ringen nach dem Unendlichen kann es kein Ideal geben. Ein System, das die Menschheit in die Grenzen ihrer eigenen Gesellschaftsbeziehungen verweist, kann keine Erklärung für die ethischen Gesetze bieten. Der Nützlichkeitsmensch verlangt von uns, den Kampf um das Unendliche, das Streben nach dem Übersinnlichen als nutzlos und sinnlos aufzugeben, und im gleichen Atemzuge erwartet er von uns ethisches Verhalten und gute Taten unseren Mitmenschen gegenüber. Warum sollten wir Gutes tun? Gute Taten sind von sekundärer Bedeutung, zuerst müssen wir ein Ideal haben. Ethik an sich ist nicht das Ziel, sie ist nur das Mittel zur Erreichung dieses Zieles. Wenn dieses Ziel nicht da ist, warum sollten wir uns ethisch verhalten? Warum sollten wir anderen Menschen Gutes tun, warum sollten wir sie nicht verletzen? Wenn Glück das Ziel der Menschheit ist, warum sollten wir nicht alles tun, um glücklich zu werden, auch wenn andere dadurch unglücklich werden? Was hindert uns?

Außerdem ist die Grundlage der Nützlichkeitsidee zu eng. Alle augenblicklichen sozialen Formen und Methoden stammen von der Gesellschaft, wie sie heute existiert. Welches Recht hat der Nützlichkeits-

mensch, anzunehmen, diese Gesellschaft werde ewig
währen? Es gab Zeiten, da es keine Gesellschaft gab,
und möglicherweise wird es auch in späteren Zeitaltern keine geben. Höchstwahrscheinlich ist die Gesellschaft eines der Stadien, das wir auf dem Wege
zu einer höheren Entwicklung durchschreiten; ein
Gesetz, das ausschließlich von der Gesellschaft abgeleitet ist, kann weder ewig sein, noch der gesamten
menschlichen Natur Genüge tun. Nützlichkeitstheo-
rien können daher bestenfalls unter den augenblicklichen gesellschaftlichen Bedingungen erfolgreich
sein; darüber hinaus sind sie wertlos.

Eine Moral aber, eine ethische Formel, die der
Religion und Geistigkeit entstammt, hat die Gesamtheit des ewigen Menschen zum Ziel. Sie spricht wohl
zum Einzelmenschen, ist aber auf das Ewige bezogen; und sie spricht auch zur Gesellschaft, da die
Gesellschaft nichts anderes ist als eine Zusammen-
fassung von Einzelmenschen. Wenn deshalb diese
Gesetze Anwendung auf den Einzelmenschen und
seine Beziehungen finden, so müssen sie notwendigerweise auch auf die Gesamtheit der Gesellschaft Anwendung finden, in welcher Verfassung sich diese
auch immer zu irgend einer gegebenen Zeit befinden
mag. Nun sehen wir die Notwendigkeit einer Religion für die Menschheit. Der Mensch kann sich nicht
ausschließlich mit Materie befassen, wie angenehm
diese auch sein mag.

Man hat behauptet, es störe unsere praktischen

Beziehungen zur Welt, wenn wir geistigen Dingen
allzuviel Aufmerksamkeit zuwenden. Schon zu Zeiten des chinesischen Weisen Konfuzius sagte man:
»Laßt uns für diese Welt Sorge tragen und dann,
wenn wir mit dieser Welt fertig sind, werden wir
uns um die anderen Welten kümmern.« Es ist schon
recht, daß wir uns um diese Welt kümmern sollen.
Wenn wir geistigen Dingen zu viel Aufmerksamkeit
schenken, so mag dies wohl unsere praktischen Beziehungen etwas beeinträchtigen, wenn wir aber dem
sogenannten Praktischen zu viel Aufmerksamkeit zuwenden, wird es uns in diesem und im künftigen
Leben schaden; es macht uns materialistisch. Der
Mensch soll aber nicht die *Natur* als sein Ziel betrachten, sondern etwas Höheres.

Der Mensch ist Mensch, solange er darum ringt,
sich über die Natur zu erheben, und diese Natur ist
sowohl außerhalb wie inwendig. Sie umfaßt nicht
nur die Gesetze, welche die stofflichen Bestandteile
außerhalb und in unserem Körper beherrschen, sondern auch die feinere Natur in unserem Inneren, die
in der Tat die treibende Kraft ist, die das Äußere
bewegt. Es ist gut und großartig, die äußere Natur
zu unterwerfen, aber größer ist es, unsere innere
Natur zu besiegen. Es ist gut und großartig, die
Gesetze zu kennen, welche die Sterne und Planeten
regieren, aber es ist unendlich viel größer und besser
zu wissen, welche Gesetze die Leidenschaften, die
Gefühle und den Willen der Menschheit bestimmen.

Dieses Unterwerfen des inneren Menschen, das Verstehen des Geheimnisses der subtilen Vorgänge in unserem Inneren, das Wissen um diese verborgenen Wunder, alles das gehört ausschließlich dem Bereiche der Religion an. Die menschliche Natur — die gewöhnliche menschliche Natur — verlangt nach groben materiellen Tatsachen. Der gewöhnliche Mensch kann nichts Feines verstehen. Man sagt, die Massen bewundern den Löwen, der tausend Schafe tötet; denken sie aber daran, daß dieser Augenblickstriumph des Löwen für die Schafe den Tod bedeutet? Der Durchschnittsmensch hat nur Freude an der Kundgebung körperlicher Kraft. Sein Vergnügen beschränkt sich auf das Äußerliche. Aber in jeder Gesellschaft gibt es Menschen, deren Freuden jenseits der Sinneswelt liegen; sie erhaschen dann und wann einen Schimmer von etwas, das erhabener ist als Materie, und ringen darum, es zu erreichen. Wenn wir zwischen den Zeilen der Geschichte der Völker lesen, werden wir finden, daß der Aufstieg einer Nation zusammengeht mit der zunehmenden Anzahl solcher Menschen, und der Untergang dann anfängt, wenn das Trachten nach dem Unendlichen aufhört. Die Triebfeder der Stärke eines Volkes liegt in seiner Geistigkeit, und das Sterben des Volkes beginnt an dem Tage, an dem jene Geistigkeit untergeht und dem Materialismus das Feld räumt.

Abgesehen von feststehenden Tatsachen und Wahrheiten, die sie uns lehrt, abgesehen von den

Tröstungen, die sie uns bietet, ist Religion als Wissenschaft und Studium die großartigste und wohltätigste Übung für den menschlichen Geist. Das Trachten nach dem Unendlichen, der Kampf, es zu erringen, das Streben, die Sinnesgrenzen zu überschreiten, die Materie gewissermaßen hinter sich zu lassen, um den geistigen Menschen zum Vorschein zu bringen — Tag und Nacht ringend, das Unendliche eins mit unserem Wesen zu machen — dieser Kampf ist das erhabenste und herrlichste Erlebnis des Menschen.

Manche Leute finden den größten Genuß im Essen, andere im Besitze gewisser Gegenstände. Wir sind nicht berechtigt, zu sagen, sie sollten es nicht tun, nur sollten auch jene den anderen Menschen nicht das Recht absprechen, ihre Freude im Geistigen zu suchen. Je niedriger die Veranlagung, desto größer der Genuß am Sinnlichen. Wenige Menschen können ein Mahl mit dem gleichen Genusse verzehren wie ein Hund oder ein Wolf, aber des Hundes und des Wolfes Vergnügungen sind auf die Sinnenwelt beschränkt. Die niedrigen Menschheitstypen aller Völker suchen Sinnesgenüsse, während die kultivierte und gebildete Schicht ihre Freude im Denken, in der Philosophie, in der Kunst und Wissenschaft findet. Religion aber, deren Gegenstand unbegrenzt ist, befindet sich auf der höchsten Stufe und spendet denen, die sie zu schätzen wissen, das allerhöchste Glück. Machen wir uns also den Nützlichkeitsstandpunkt zu eigen, wonach Glück das Lebensziel der Menschheit ist, dann kommen wir zum Ergebnis, daß die Pflege des religiösen Gedankens dieses Glück zu geben vermag.

Religion als Studium erscheint demnach eine Notwendigkeit. Sie ist die mächtigste Triebkraft für den Menschen, und keine andere ist imstande, ihn zu so gewaltigem Kraftaufwande anzuspornen. Die Geschichte der Menschheit hat dies in der Vergangenheit klar bewiesen, und es ist offensichtlich, daß die Macht der Religion nicht tot ist. Es ist nicht zu leugnen, die auf dem Boden der Nützlichkeitsanschauung Stehenden können sehr gute und sittlich hochstehende Menschen sein, und es hat viele solcher in der Welt gegeben. Die Weltbeweger aber, die Männer, die gleichsam eine Massenanziehung ausüben, deren Geist in Hunderten und Tausenden wirksam ist, deren Leben in anderen ein geistiges Feuer entzündet, solche Männer haben stets einen religiösen Hintergrund. Die sie bewegende Macht floß aus der Religion, denn Religion ist der größte Antrieb, um jene unendliche Kraft zu verwirklichen, die das Geburtsrecht und die wahre Natur des Menschen ist; sie bildet den Charakter, sie bringt alles, was gut und groß ist im Menschen, hervor, sie gibt Frieden den anderen und uns selbst; von diesem Standpunkt aus gesehen sollte man Religion studieren. Sie sollte studiert werden auf einer breiteren Grundlage als bisher, alle engen, beschränkten und feindseligen

Vorstellungen müssen fallen, alle religiösen Sekten-,
Stammes- oder Nationalideen müssen aufgegeben
werden. Der Aberglaube, jeder Stamm oder jedes
Volk habe seinen eigenen Gott, oder der Gott der
anderen sei ein falscher Gott, und ähnliche Ideen
müssen der Vergangenheit angehören.

Mit dem allgemeinen Fortschritt erweitert sich
auch der geistige Ausblick der Menschheit. Der
menschliche Gedanke kann heute alle Winkel der
Erde erreichen und durch rein physikalische Mittel
sind wir mit der ganzen Welt in Berührung gekommen, und deshalb müssen die zukünftigen Weltreligionen ebenso universal wie großzügig sein. Die
religiösen Ideale der Zukunft müssen alles einschlie-
ßen, was in der Welt groß und erhaben ist, und
gleichzeitig unendlichen Spielraum für künftige Entwicklung lassen. Das Gute der Vergangenheit muß
erhalten werden, und gleichzeitig müssen die Tore
weit geöffnet bleiben, damit Künftiges dem Bestehenden hinzugefügt werden kann. Religionen müssen
allumfassend sein und dürfen sich nicht gegenseitig
verachten, weil ihre besonderen Gottesideale nicht
alle die gleichen sind.

Es gibt eine große Anzahl geistig hochstehender
und sehr vernünftiger Menschen, die in unserem Sinne
überhaupt nicht an Gott glauben; vielleicht wissen
sie mehr von Gott, als wir je von Ihm wissen werden.
Die persönliche und die überpersönliche Gottesidee,
das Unendliche, das Moralgesetz oder der Idealmensch

— alles das fällt unter den Begriff Religion. Wenn einst Religionen auf solch breiter Grundlage ruhen werden, wird sich ihre Macht, Gutes zu stiften, verhundertfachen. Religionen, die ungeheure Kraft besitzen, haben oft mehr Schaden als Gutes in der Welt getan, nur weil sie so eng und so beschränkt waren. Deshalb müssen Religionen Weite haben; ihre Ideen müssen universal, gewaltig und unendlich sein; nur dann können sie zu voller Entfaltung kommen, denn die Macht der Religion hat eben erst angefangen, sich in der Welt kundzutun. Es wird bisweilen behauptet, Religion und religiöse Ideen seien im Aussterben begriffen. Nein, sie haben eben erst zu wachsen begonnen. Erweitert und geläutert, wird die Macht der Religion das ganze menschliche Leben durchdringen. So lange Religion in den Händen einiger Auserwählter oder der Priesterschaft lag, ruhte sie in Tempeln, Kirchen, Büchern, Dogmen, Riten und Zeremonien. Aber wenn wir sie in ihrem wirklichen, geistigen, universalen Sinne erfassen, dann, und nur dann wird Religion wahr und lebendig werden, sie wird in uns strömen, in jeder unserer Bewegungen leben, jede Pore unserer Gesellschaft durchdringen und unendlich mehr Gutes schaffen als je zuvor.

Was wir brauchen ist brüderliches Fühlen zwischen den verschiedenen Religionen in der Erkenntnis, daß sie alle zusammen stehen oder fallen, brüderliches Fühlen, das aus gegenseitiger Achtung und Ehrerbietung stammt, und nicht die herablassende,

bevormundende und Mangel an gutem Willen zei-
gende Haltung, die jetzt bei vielen üblich ist. Dies
sollten vor allem jene Typen religiöser Prägung be-
herzigen, die, auf das Studium psychischer Phäno-
mene gestützt, leider auch heute noch den ausschließlichen Anspruch auf den Namen Religion erheben
möchten, und vor allem die sogenannten materialistischen Wissenschaften, die mit dem Kopfe in die
Geheimnisse des Himmels dringen, obgleich sie mit
den Füßen am Erdboden kleben.

Um diese Harmonie herbeizuführen, werden so-
wohl Wissenschaft als auch Religion schmerzliche
Zugeständnisse machen müssen. Aber ein solches
Opfer wird beiden zum Wohle gereichen und sie der
Wahrheit näher bringen. Dann wird die Wissenschaft
die ihr von Raum und Zeit gesteckten Grenzen über-
schreiten, um eins zu werden mit dem für Sinne und
Gedanken Unerreichbaren — dem Absoluten, dem
Unendlichen, dem unteilbaren Einen.

DIE WAHRE NATUR DES MENSCHEN

Mit großer Zähigkeit hängt der Mensch an den Sinnen; aber er mag sich die Welt, in der er lebt und sich bewegt, noch so wirklich vorstellen, im Leben des einzelnen sowohl, als auch im Leben der Völker kommt die Zeit, da unwillkürlich die Frage auftaucht: »Ist dies die Wirklichkeit?« Auch wer nie einen Augenblick Zeit findet, um die Glaubwürdigkeit seiner Sinne anzuzweifeln, wer sein ganzes Leben mit Sinnesgenüssen ausfüllt, auch zu ihm kommt der Tod, und er wird fragen müssen: »Ist dies die Wirklichkeit?« Religion beginnt mit dieser Frage und endigt mit ihrer Beantwortung. Sogar in grauer Vergangenheit, in vorgeschichtlicher Zeit, im geheimnisvollen Lichte der Mythologie, tief im Halbdunkel der Zivilisation wird die Frage erhoben: »Was wird aus all diesem? Was ist wirklich?«

Eine der dichterisch schönsten Upanischaden, die Katha Upanischad, beginnt mit den Worten:
»Ein Zweifel waltet, wenn der Mensch gestorben:
‚Er ist‘, sagen die einen, ‚er ist nicht‘, die anderen.«
Was ist wahr? Verschiedene Antworten wurden gegeben. Das ganze Gebiet der Metaphysik, der Philosophie und Religion ist tatsächlich mit den verschiedensten Antworten auf diese Frage ausgefüllt. Gleichzeitig sind Versuche gemacht worden, die

Frage zu unterdrücken, um Einhalt zu gebieten der
Unrast des Geistes, der da forscht: »Was ist jenseits?
Was ist wirklich?« Aber solange es einen Tod gibt,
werden alle Unterdrückungsversuche erfolglos bleiben. Wir mögen wohl sagen, daß wir nicht ins Jenseits sehen können; wir mögen uns damit begnügen,
all unsere Ansprüche und Hoffnungen auf die Gegenwart zu beschränken; wir mögen uns krampfhaft
bemühen, an nichts, was außerhalb der Sinnenwelt
liegt, zu denken, und alle äußeren Umstände mögen
uns in dieser Haltung bestärken; die ganze Welt mag
sich verschwören, uns daran zu hindern, über die
Gegenwart hinaus zu leben — und doch, so lange es
einen Tod gibt, wird die Frage wieder und wieder auf
unsere Lippen kommen: »Bedeutet der Tod das Ende
all der Dinge, an die wir uns klammern, als wären sie
das Wirklichste vom Wirklichen, das Beständigste vom
Beständigen?« Die Welt schwindet und ist in einem
Augenblicke dahin. Am Rande eines Abgrundes, vor
einer grundlosen, gähnenden Kluft, muß auch das
verhärtetste Gemüt zurückschaudern und die Frage
stellen: »Ist das die Wirklichkeit?« Die Hoffnungen
eines ganzen Lebens, langsam und allmählich aufgebaut mit allen Mitteln eines großen Verstandes,
zerrinnen in einer Sekunde. Sind sie wirklich? Die
Frage erheischt eine Antwort. Die Zeit kann ihre
Wucht nicht mindern, im Gegenteil, sie verstärkt sie.

Getrieben vom Verlangen nach Glück jagen wir
hinter allem her, um glücklich zu werden; und wir

beginnen unseren Wahnsinnslauf in der Außenwelt der Sinne. Fragen wir den Jüngling, dessen Leben erfolgreich ist, so wird er uns sagen, alles dies sei echt, und er glaubt daran. Derselbe Mensch, alt geworden und vom Glücke genarrt, wird vielleicht erklären, es sei Schicksal. Er merkt schließlich, daß seine Wünsche unerfüllbar sind; wo immer er sich hinwendet, stößt er auf eine granitene Mauer, die er nicht durchdringen kann. Jede Sinnestätigkeit erzeugt eine Reaktion, nichts ist dauernd; Glück und Elend, Luxus und Macht, Reichtum und Armut, ja das Leben selbst, alles ist vergänglich.

Zwischen zwei Anschauungen muß der Mensch wählen. Entweder glaubt er wie die Nihilisten, daß alles nichts sei, daß der Mensch nichts wisse und nie etwas wissen könne, weder über die Vergangenheit noch über die Zukunft, ja nicht einmal über die Gegenwart. Wir müssen hier auf den Wahnsinn hinweisen, die Vergangenheit und die Zukunft zu verneinen und sich an die Gegenwart halten zu wollen. Mit der gleichen Logik könnte man Vater und Mutter verneinen und nur das Kind anerkennen. Wer Vergangenheit und Zukunft verneint, muß unweigerlich auch die Gegenwart verneinen, und dies ist der eine Standpunkt, der der Nihilisten. Aber es gibt keinen Menschen, der auch nur für eine Minute wirklich ein Nihilist sein könnte.

Wer der anderen Anschauung ist, wird nach einer Erklärung suchen, um inmitten dieser ewig wech-

selnden und vergänglichen Welt das zu entdecken,
was wirklich ist. Ist in diesem Körper, in dieser Zusammenballung von Molekülen, etwas, das Wirklich-
heit hat? Seit es eine Geschichte der Menschheit gibt,
hat man danach geforscht. Schon in den ältesten
Zeiten finden wir manchmal ein Aufleuchten im
menschlichen Geiste, und schon damals ging der
Mensch einen Schritt über seinen Körper hinaus.
Er fand neben diesem äußeren Leib etwas diesem
sehr ähnliches, das aber viel vollständiger und voll-
kommener war und die Auflösung des Leibes über-
dauerte. Die Hymne aus der Rig-Veda, gerichtet an
den Gott des Feuers bei der Verbrennung eines
Toten sagt: »Trage ihn, Feuer, sanft in deinen
Armen, gib ihm einen vollkommenen, einen lichten
Körper; trage ihn dahin, wo die Väter leben, wo es
weder Leid noch Tod gibt.« Die gleiche Idee finden
wir in allen Religionen und mit ihr eine zweite. Hier
ist eine bedeutsame Tatsache: Alle Religionen vertreten ausnahmslos die Ansicht, der Mensch sei eine
Entartung dessen, was er früher war, ob sie dies
nun in mythologischen Erzählungen, in der klaren
Sprache der Philosophie oder in schöner, dichteri-
scher Form zum Ausdruck bringen. Jede heilige
Schrift und alle Mythologien bestätigen diese Auffassung. Sie ist der Kern der Wahrheit in der Geschichte von Adams Fall in der Bibel der Juden, und
sie ist wieder und wieder in den Schriften der Hindus ausgesprochen, wenn diese von einem Zeitalter

träumen, das sie das Zeitalter der Wahrheit nennen,
da kein Mensch starb, ehe er zu sterben wünschte,
da er seinen Leib behalten konnte, so lange er wollte
und da Herz und Sinne rein und stark waren. Damals gab es weder Not noch Elend, und unser heu-
tiges Zeitalter ist nur der Niedergang jenes Zustandes
der Vollkommenheit. Neben dieser Erzählung finden
wir überall die Geschichte von der Sündflut, die an
sich schon ein Beweis dafür ist, daß nach Auffassung aller Religionen unser jetziges Zeitalter einen
Verfall früherer Zeitalter darstellt. Die Verderbnis
wuchs und wuchs, bis die Sündflut einen großen Teil
der Menschheit vernichtete, und von da ab begann
ein neuer Aufstieg, der sich langsam fortsetzt, bis
das frühere Stadium der Reinheit wieder erreicht
sein wird. Wir alle kennen die Geschichte der Sündflut aus dem Alten Testament; die gleiche Erzählung
finden wir bei den alten Babyloniern, bei den Ägyptern, den Chinesen und den Hindus. Manu, ein großer
Weiser der Vorzeit, betete am Gangesufer, als eine
kleine Elritze ihn um Schutz anflehte. Er tat sie in
einen Topf mit Wasser, den er vor sich stehen hatte
und fragte sie nach ihrem Begehr. Der kleine Fisch
antwortete, daß er von einem größeren verfolgt
werde und bat um Schutz. Manu trug den kleinen
Fisch nach Hause; am nächsten Morgen war der
Fisch so groß geworden wie der Topf und sagte:
»In diesem Topfe kann ich nicht länger leben.« Manu
brachte ihn in ein Bassin, aber am folgenden Tage

war er so groß wie dieses und erklärte wiederum,
nicht mehr dort leben zu können. Manu brachte ihn
in einen Fluß, und am anderen Morgen füllte der
Fisch den Fluß aus. Da tat ihn Manu in das Meer,
und der Fisch sprach: »Manu, ich bin der Schöpfer
des Weltalls, ich erschien dir in dieser Gestalt, um
dich zu warnen, denn ich werde die Welt überfluten.
Baue eine Arche und nimm hinein von jeder Art von
Getier ein Paar, und nimm auch deine Familie in die
Arche. Aus dem Wasser wird mein Horn ragen,
daran sollst du die Arche befestigen, und wenn die
Flut sinkt, komme heraus und bevölkere die Erde.«
Und die Welt wurde überflutet; Manu rettete seine
Familie und ein Paar von jeder Art von Getier, und
Samen von jeder Pflanze. Und als die Flut sank,
kam er heraus und bevölkerte die Welt, und wir alle
heißen »Mann« (Mensch), weil wir die Nachkommen
von Manu sind *.

Die menschliche Sprache ist der Versuch, die
innere Wahrheit zum Ausdruck zu bringen. Der
Säugling, dessen Sprache aus unverständlichen Lauten besteht, versucht die höchste Philosophie auszudrücken, aber es fehlen ihm die Mittel und ent-
sprechenden Organe dazu. Zwischen der Sprache der
größten Philosophen und dem Lallen des Säuglings
besteht wohl ein Unterschied des Grades, aber nicht
der Art. Die fehlerfreie, systematische und mathematisch genaue Sprache der heutigen Zeit und die

* Bhagavata-Purana.

unklaren, mystischen und mythologischen Sprachen
der Vorzeit sind nur im Grade verschieden. Alle entspringen einer großen Idee, die gleichsam darum
ringt, zum Ausdruck zu kommen; während aber hinter den alten Mythologien häufig goldene Wahrheiten zu entdecken sind, finden wir hinter den feinen
geschliffenen Phrasen unserer Zeit bedauerlicher-
weise oft baren Unsinn. Wir brauchen also nicht
etwas über Bord zu werfen, weil es in mythologische
Form gekleidet ist und vielleicht nicht mit modernen
Begriffen in Einklang steht, und wir dürfen Religionen nicht verspotten, weil sie sagen, wir sollten an
Mythologien glauben, wie sie von den oder jenen
Propheten gelehrt wurden.

Alle jene Erzählungen enthalten die eine, beherr-
schende Idee: der Mensch von heute ist im Vergleich
zu seinem früheren Zustande entartet. Die moderne
Forschung freilich scheint diesen Standpunkt unbedingt zu verwerfen, und die Evolutionisten widersprechen dieser Behauptung aufs bestimmteste und
sagen, der Mensch habe sich aus dem Weichtiere entwickelt. Die indische Mythologie jedoch mit ihrer
Theorie der Zyklen, wonach jeder Fortschritt in
Wellenform erfolgt, vermag die beiden Standpunkte
in Einklang zu bringen. Wellenberge und Wellentäler
folgen sich in stetem Wechsel und erzeugen eine
Bewegung in Zyklen. Auch die moderne Forschung
muß zugeben, der Mensch könne nicht einfach eine
Entwicklung sein, denn jede *Ent*wicklung hat eine

*Ein*wickelung zur Voraussetzung. Der moderne Wissenschafter wird bestätigen, daß man aus einer Maschine nur so viel Energie herausholen kann, als man
vorher in sie hineingetan hat. Wenn der Mensch sich
aus dem Weichtiere entwickelt hat, dann muß der
vollkommene Mensch, der Buddha-Mensch, der Chri-
stus-Mensch in diesem Weichtiere enthalten gewesen
sein. Wie sonst sollten diese Titanen entstanden sein?
Etwas kann nicht aus nichts entstehen. Wir können
also die alten Schriften mit der modernen Wissenschaft in Übereinstimmung bringen. Jene Kraft, die
sich, allmählich über verschiedene Stufen ansteigend,
offenbart, bis sie zum vollkommenen Menschen wird,
kann nicht aus dem Nichts kommen. Irgendwo muß
sie existiert haben, und wenn das Weichtier oder die
Keimzelle der erste Punkt ist, zu dem man sie zurückverfolgen kann, dann muß die Keimzelle diese
Kraft irgendwie enthalten haben. Es ist ein Streit-
punkt, ob die stoffliche Zusammenballung, Körper
genannt, die Ursache ist für die Offenbarung der
Kräfte, die wir Seele oder Gedanke nennen, oder ob
es der Gedanke ist, der sich als Körper kundgibt.
Die Religionen behaupten natürlich, der Körper sei
eine Manifestation der Kraft, die wir Gedanken nennen und nicht umgekehrt. Moderne Lehren sagen,
was wir mit Gedanken bezeichnen, entstehe einfach,
wenn sich die Teile der Maschine, Körper genannt,
einordnen. Wenn wir den Standpunkt einnehmen,
die Seele oder die Gedankenmasse oder wie immer

wir es nennen mögen, sei nichts anderes als das Erzeugnis einer Maschine, das Erzeugnis von chemischen und physischen Kombinationen von Materie, die Körper und Hirn bilden, dann bleibt noch immer die Frage offen: was erschafft den Körper? Welche Kraft bindet die Moleküle zur Körperform? Welche Kraft ist es, die der Stoffmasse rings um uns Material entnimmt und daraus den einen Körper so und einen anderen Körper anders gestaltet? Woher kommen alle diese Unterschiede? Zu behaupten, die Kraft, Seele genannt, sei das Ergebnis von Molekülkombinationen des Körpers, heißt den Wagen vor das Pferd spannen. Auf welche Art und durch welche Kraft kamen diese Kombinationen zustande? Wenn wir sagen, sie seien von irgend einer anderen Kraft verursacht worden und die Seele war ihr Ergebnis, so ist das keine Antwort. Jene Theorie muß angewandt werden, die den größten Teil der Tatsachen, wenn nicht alle, erklärt, ohne anderen bestehenden Theorien zu widersprechen. Es ist logischer, zu behaupten, die Kraft, die Material aufnimmt und daraus den Körper formt, sei dieselbe, die sich durch den Körper kundgibt. Es ist deshalb sinnlos zu sagen, die durch den Körper zum Ausdruck kommenden Gedankenkräfte seien das Ergebnis einer Anordnung von Molekülen und hätten keine selbständige Existenz. Ebensowenig kann sich Kraft aus Materie entwickeln. Eher könnte man anschaulich machen, wie das, was wir Materie nennen, überhaupt

nicht existiert, sondern nur in einem bestimmten
Zustande befindliche Kraft ist. Nachweislich ist
Festigkeit, Härte oder irgend ein anderer Zustand
der Materie nur das Ergebnis von Bewegung. In
starke Wirbelbewegung versetzte Flüssigkeiten erhalten die Wucht von Festkörpern. Eine Luftmasse
in Wirbelbewegung, zum Beispiel ein Tornado, gewinnt eine Festigkeit, die solide Körper durchbricht
oder durchschneidet. Könnte der Faden eines Spinn-
gewebes mit beinahe unbegrenzter Geschwindigkeit
bewegt werden, so besäße er die Kraft einer Eisen-
kette und könnte einen Baum durchschneiden. Von
dieser Seite betrachtet, wäre es leichter zu beweisen,
daß sogenannte Materie überhaupt nicht existiert,
während die Annahme, die Seelen- oder Gedanken-
kraft sei das Ergebnis von Materie, unbeweisbar ist.

Welche Kraft ist es, die durch den Körper in
Erscheinung tritt? Welcher Art diese Kraft auch immer sein mag, offensichtlich sammelt sie gleichsam
Teilchen und bildet Formen daraus, zum Beispiel
den menschlichen Körper. Keine von außen kom-
mende Macht baut Körper für uns; keiner kann
Nahrung für den anderen zu sich nehmen, jeder muß
sie sich selbst einverleiben, um Blut und Knochen
und alles andere aus dieser Nahrung zu bilden.
Welche geheimnisvolle Kraft ist es, die in diesem
Augenblick in uns arbeitet? Wie die alten Schriften
uns beweisen, glaubte man in früheren Zeiten, diese
Kraft werde durch eine feine Substanz offenbart,

welche die gleiche Form besitzt wie unser Körper,
jedoch dessen Zerfall überdauert. Später aber taucht
die höhere Idee auf, dieser feine Körper könne nicht
jene Kraftquelle sein, da alles, was Form besitzt, das
Ergebnis einer Zusammensetzung aus Teilen sein
müsse, und als solche von etwas abhänge, was nicht
zusammengesetzt ist. Wenn ein feiner Leib notwendig ist, um den physischen Leib zu beeinflussen, so
muß notwendigerweise auch der feine Leib von etwas
beinflußt werden. Und dieses Etwas nannte man die
Seele, Atman in Sanskrit. Es ist also Atman, der
mittels des feinen Leibes auf den groben, äußeren
Leib einwirkt. Der feine Körper ist gleichsam der
Träger des geistigen Organismus, dem Gemüt, Verstand, Sinne, Wille und anderes mehr angehören,
doch Atman ist jenseits davon. Atman ist nicht
identisch mit Sinnen, Gemüt oder Verstand, sondern
er wirkt auf diese ein und durch sie auf den Körper.
Jeder von uns hat einen besonderen Atman und einen
besonderen feinen Leib, und von diesen beiden wird
der physische Körper beeinflußt.

Verschiedene Fragen erheben sich über das Wesen
dieses Atman. Was ist dieser Atman, der weder mit
dem Körper, noch mit dem Gemüt, den Sinnen, dem
Intellekt, den Gefühlen oder Gedanken identisch ist?
Philosophische Spekulationen mannigfaltiger Art
und zahllose Diskussionen über dieses Thema sind
entstanden. Wir wollen hier den Versuch machen,
einige der Schlußfolgerungen, bei denen man an-

langte, aufzuzeigen. Die verschiedenen Philosophien
scheinen darin übereinzustimmen: dieser Atman hat,
was immer er auch sein mag, weder Gestalt noch
Form; etwas Gestaltloses und Formloses aber muß
allgegenwärtig sein. Zeit und Raum sind nur Formen
der dem Menschen angeborenen Anschauungsweise.
Ohne Zeit kann es keine Kausalität geben, denn ohne
die Vorstellung zeitlicher Aufeinanderfolge kann es
keine Vorstellung einer Ursache geben. Zeit, Raum
und Kausalität entstehen erst durch die dem Menschen angeborene Art der Anschauung; der Atman
jedoch ist jenseits des menschlichen Sinnes und form-
los, und muß daher jenseits von Zeit, Raum und
Kausalität sein. Wenn er aber jenseits von Zeit,
Raum und Kausalität ist, muß er unendlich sein.

Nun kommt die höchste Spekulation unserer Philosophie. Das Unendliche kann nicht in zwei Teile
geteilt werden. Wenn die Seele unendlich ist, kann
es nur *eine* Seele geben, und alle Vorstellungen von
verschiedenen Seelen — er hat eine Seele, ich habe
eine Seele und so fort — sind unhaltbar. Der *wahre*
Mensch ist deshalb einzig und unendlich, der allgegenwärtige Geist, und der *sichtbare* Mensch ist
nur eine Begrenzung jenes *wahren* Menschen. In diesem Sinne sind die Mythologien wahr, wenn sie
sagen, daß der sichtbare Mensch, wie überragend
er auch immer sein mag, nur ein schwacher Wider-
schein des wahren Menschen ist. Der *wahre* Mensch,
der Geist, der jenseits von Ursache und Wirkung,

ungebunden von Zeit und Raum ist, muß daher frei
sein. Er war niemals gebunden und konnte niemals
gebunden sein. Der sichtbare Mensch, sein Spiegelbild, ist beschränkt von Zeit, Raum und Kausalität
und deshalb gebunden. Oder, wie es einige unserer
Philosophen ausdrücken, er scheint gebunden, ist es
aber in Wirklichkeit nicht. Jene Allgegenwart, jener
geistige Wesenskern, jene Unendlichkeit, das ist die
Wirklichkeit in unseren Seelen. Jede Seele ist unendlich, geburtlos und todlos.

Bei einer Prüfung wurden einigen Kindern
schwierige Fragen vorgelegt, unter anderem die,
warum die Erde nicht fällt. Der Lehrer wollte Antworten über die Schwerkraft hören. Ein kleines auf-
gewecktes Mädchen antwortete mit der Gegenfrage:
»Wohin sollte sie fallen?« Die Frage des Lehrers ist
unsinnig. Wohin sollte die Erde fallen? Für sie gibt
es weder Fallen noch Steigen; im unendlichen Raume
gibt es weder unten noch oben; dieser Begriff ist
relativ. Woher sollte das Unendliche kommen, wohin
sollte es gehen?

Erst wenn wir aufhören, an die Vergangenheit
oder an die Zukunft zu denken, wenn wir die Kör-
peridee aufgeben — denn der Körper kommt und
geht und ist begrenzt —, erst dann können wir uns
zu einem höheren Ideal erheben. Der Körper ist nicht
der wirkliche Mensch, auch nicht Verstand, Gemüt
oder Sinne, sie alle wachsen und verfallen. Der Geist
allein lebt ewig. Körper und Sinne, Verstand und

Gemüt verändern sich fortwährend und sind tatsächlich nur Namen für Reihen von wechselnden
Erscheinungen, Flüssen zu vergleichen, deren Wasser
beständig wechselt und die trotzdem eine einheitliche
Wassermasse zu sein scheinen. Jedes Teilchen unseres Körpers ist in ständiger Veränderung begriffen;
niemand hat den gleichen Körper auch nur für
wenige Minuten, und trotzdem betrachten wir ihn als
denselben Körper. Das gleiche gilt für den Sinn, der
in einem Augenblick froh, im anderen betrübt,
manchmal stark und manchmal schwach ist, ein
immer wechselnder Wirbel. Das alles kann nicht der
Geist sein, der unendlich ist. Nur das Begrenzte kann
sich verändern; es ist Unsinn zu meinen, das Unendliche könne sich auch nur im geringsten verändern.
Wir, als begrenzte Körper, können uns bewegen,
jeder Teil im Weltall ist in ständigem Wechsel begriffen, aber das Universum als eine Einheit, als ein
Ganzes betrachtet, kann sich weder bewegen noch
verändern. Bewegung ist immer relativ. Etwas bewegt sich im Verhältnis zu etwas anderem, ein Teil
im Universum kann sich verändern in Beziehung zu
einem anderen Teil, aber mit Bezug worauf sollte
sich das Universum, als Ganzes betrachtet, bewegen?
Außer ihm ist ja nichts, und deshalb ist diese unendliche Einheit unveränderlich, unbeweglich, unbedingt und dies ist der *wirkliche* Mensch. Unsere
Wirklichkeit besteht deshalb im Allumfassenden und
nicht im Begrenzten. Es ist ein alter, wenn auch be-

quemer Aberglaube, zu denken, wir seien kleine, beschränkte Wesen, die sich ständig verändern, und die Menschen bekommen Angst, wenn man ihnen sagt, sie seien ein allumfassendes, allgegenwärtiges Wesen. Durch alles wirken wir, durch jeden Fuß, der schreitet, durch jeden Mund, der spricht, durch jedes Herz, das fühlt.

Die meisten Leute werden voll Furcht fragen, was aus ihrer Individualität wird. Was ist . denn Individualität? Hat jemand sie gesehen? Ein Kind hat keinen Schnurrbart, aber der erwachsene Mann hat vielleicht einen Schnurrbart oder einen Bart. Wenn die Individualität sich im Körper befände, wäre sie dahin, wenn man ein Auge oder eine Hand einbüßt. Der Trunkenbold dürfte niemals das Trinken, der Dieb niemals das Stehlen aufgeben, denn er würde seine Individualität verlieren; kein Mensch dürfte seine Gewohnheiten ändern, aus Furcht, seine Individualität zu verlieren. Es gibt keine Individualität außer dem Unendlichen, dem einzigen unveränderlichen Zustand, während alles andere in ständigem Wechsel begriffen ist. Im Gedächtnis kann die Individualität ebenfalls nicht begründet sein. Angenommen, jemand erhält einen Schlag auf den Kopf und vergißt seine Vergangenheit; dann hätte er seine Individualität verloren und wäre nicht mehr da. Niemand erinnert sich an die ersten Jahre seiner Kindheit; wenn wir annehmen, Erinnerung und Existenz seien identisch, dann wäre alles, was wir vergessen haben, nie gewesen, und den Lebensabschnitt, an den man sich nicht erinnert, hätte man nie gelebt. Das ist eine sehr beschränkte Vorstellung von Individualität. Vorläufig sind wir noch keine Individualitäten, sondern wir bemühen uns um Individualität, und die ist das Unendliche, die wahre Natur des Menschen.

Der allein lebt, der in allem lebt. Je mehr wir unser Leben auf begrenzte Dinge konzentrieren, desto rascher gehen wir dem Tode entgegen. Wenn wir im Universum, im Anderen leben, dann allein leben wir, aber dieses kleine Leben bedeutet Tod, einfach Tod, und ist die Ursache der Furcht vor dem Tode. Der Mensch kann die Todesfurcht erst überwinden, wenn er erkennt, daß er so lange lebt, so lange auch nur *ein* Leben im Weltall existiert. Wenn er sagen kann: »Ich bin in Allem, ich bin in Jedem, ich lebe in jedem Leben, ich bin das Weltall«, dann erst weiß er, was Furchtlosigkeit ist.

Etwas, das sich ständig verändert, kann unmöglich unsterblich sein. Ein alter Sanskritphilosoph sagt, der Geist allein sei das Individuum, weil er unendlich ist; Unendlichkeit kann nicht geteilt werden, Unendlichkeit kann man nicht in Stücke brechen. Sie ist stets dieselbe, eine, ungeteilte Einheit, und sie ist der individuelle, der *wahre* Mensch. Der sichtbare Mensch ist nur ein Ringen darum, jene Individualität, die jenseits ist, auszudrücken und zu offenbaren; denn es gibt keinerlei Entwicklung im

Geiste. Veränderungen — das Böse wird gut, das
Tier wird zum Menschen oder wo immer wir sie
antreffen mögen — vollziehen sich nicht im Geiste;
sie sind Entwicklungen der Natur und Manifestationen des Geistes.

Nehmen wir an, der Leser stehe hinter einer
Wand, die eine Zuschauermenge vor ihm verbirgt.
In der Wand befindet sich ein kleines Loch, durch
das er nur einige der Gesichter vor sich sehen kann.
Nun nehmen wir an, das Loch wird größer und immer größer, mehr und mehr von der Szene vor ihm
wird enthüllt, bis zuletzt die ganze Wand verschwindet und er der Menge von Angesicht zu Angesicht
gegenüber steht. Die Menge hat sich überhaupt nicht
verändert. Es war das Loch, das sich veränderte, so
daß allmählich mehr und mehr von der Menge sichtbar wurde. So ist es mit dem Geiste. Wir brauchen
die Vollkommenheit nicht erst zu erlangen, wir sind
bereits frei und vollkommen.

Was bedeuten denn diese Begriffe: Religion, Gott
und die Suche nach einem zukünftigen Leben?
Warum sucht der Mensch nach einem Gott? Warum
sehnt er sich nach einem vollkommenen Ideal, ob
er es nun im Menschen, in Gott oder irgendwo anders
sucht. Weil jene Idee in uns ist. Es war unser eigenes
Herz, das klopfte, und wir wußten es nicht und
glaubten irrtümlicherweise, das Klopfen käme von
draußen. Es ist der Gott in uns selbst, der uns an-
treibt, Ihn zu suchen, Ihn zu verwirklichen. Nach

langem Suchen hier und dort, in Tempeln und Kirchen, auf Erden und in Himmeln, kehren wir endlich, den Kreis vollendend, zu unserem Ausgangspunkte zurück, zu unserer eigenen Seele, und finden,
daß Er, nach dem wir in der ganzen Welt suchten,
um den wir in Kirchen und Tempeln weinten und
beteten, auf den wir als das in Wolken gehüllte Geheimnis aller Geheimnisse blickten, näher als nahe
ist: Er ist unser eigenes Selbst, die Wirklichkeit unseres Lebens, unseres Leibes und unserer Seele, unsere
wahre Natur. Rechtfertigen wir sie, offenbaren wir
sie. Wir müssen nicht rein werden, wir sind schon
rein. Wir müssen nicht vollkommen werden, wir sind
schon vollkommen.

Die Natur gleicht jener Wand, hinter der die
Wirklichkeit verborgen ist. Jeder gute Gedanke, den
wir denken oder unter dessen Impuls wir handeln,
zerreißt gewissermaßen den Schleier und die Reinheit, die Unendlichkeit, der Gott hinter dem Schleier
wird mehr und mehr offenbar. Dies ist die ganze
Geschichte der Menschheit. Feiner und durchsichtiger
wird der Schleier, mehr und mehr Licht strahlt hindurch, denn es ist die Natur des Lichtes zu strahlen.
Man kann Es nicht kennen, vergebens ist unser Versuch, Es kennen zu wollen. Könnte man Es kennen,
dann wäre Es nicht, was Es ist, denn Es ist das
ewige Subjekt. Kenntnis ist Begrenzung, Kenntnis
ist Objektivierung. Es aber ist das ewige Subjekt,
der ewige Beobachter im Weltall, unser eigenes

Selbst. Kenntnis ist sozusagen eine niedrigere Stufe, eine Degeneration. Wir selbst sind bereits das Subjekt, wie sollten wir es kennen? Es ist der Wesenskern im Menschen, und der Mensch ringt darum, es auf verschiedene Arten auszudrücken. Wie sonst lassen sich die vielen Sittengesetze erklären? Wie ist Ethik überhaupt zu erklären? Ein Gedanke, verschiedenartig ausgedrückt, steht im Mittelpunkt aller ethischen Lehren: seinen Mitmenschen Gutes erweisen; barmherzig sein gegen Tiere und Menschen sollte das leitende Motiv der Menschheit sein. Aber alle solche Lehren sind nur verschiedene Bezeichnungen für jene ewige Wahrheit: »Ich bin das All; dieses All ist einzig.« Wo sonst wäre eine Begründung zu finden? Warum sollte ich meinem Nächsten Gutes tun? Was treibt mich? Das Mitgefühl, das Gefühl von Gleichheit überall! Selbst die verhärtetsten Herzen haben manchmal Mitgefühl für andere Wesen. Der Mensch, der Angst bekommt, wenn man ihm sagt, jene angebliche Individualität sei nur ein Wahn, der Versuch, sich an diese eingebildete Individualität zu klammern, sei unwürdig, dieser selbe Mensch hält äußerste Selbstverleugnung für den Kernpunkt aller Sittlichkeit. Und worin besteht vollkommene Selbstverleugnung? In der Verleugnung dieses Scheinselbstes, in der Verleugnung aller Selbstsucht. Die Vorstellung von »ich« und »mein« — ahankâra und mamatâ — ist die Frucht alten Aberglaubens, und je mehr von diesem augenblicklichen

Selbst verschwindet, desto mehr wird vom wahren
Selbst offenbar. Das ist die wahre Selbstverleugnung,
der Mittelpunkt, die Grundlage, der Kern aller sittlichen Lehren, und bewußt oder unbewußt, es mehr
oder weniger bestätigend, geht die ganze Welt langsam diesem Ideal entgegen. Die meisten Menschen
tun es freilich unbewußt; mögen sie es bewußt tun!
Mögen sie das Opfer bringen, in der Erkenntnis, daß
»ich« und »mein« nicht das wahre Selbst sind, sondern nur eine Beschränkung davon. Der gegenwärtige Mensch ist nur ein Schimmer jener unendlichen
Wirklichkeit, die hinter ihm steht, nur ein Funken
jenes unermeßlichen Feuers, welches das All ist. Sein
wahres Wesen ist das Unendliche.

Was ist der Vorteil, die Wirkung, das Ergebnis
dieser Erkenntnis? Heutzutage wird alles mit dem
Maßstabe der Nützlichkeit gemessen, danach, wieviel
Pfund, Schilling und Pence es wert ist. Mit welchem
Recht verlangt man, die Wahrheit solle nach dem
Grade der Nützlichkeit oder nach Geldwert beurteilt
werden? Angenommen, sie bringe keinen Vorteil, ist
die Wahrheit deshalb weniger wahr? Vorteil ist nicht
der Prüfstein für die Wahrheit. Nichtdestoweniger
finden wir hier den größten Vorteil. Wir alle suchen
nach dem Glück, aber die meisten suchen es in Dingen, die vergänglich und nicht wirklich sind. Niemand aber kann das Glück in den Sinnen und der
Sinnenlust finden. Im Geist allein kann das Glück
gefunden werden, und deshalb ist es für die Mensch-

heit von allergrößtem Vorteil, jenes Glück im Geiste
zu finden.

Unwissen ist die große Mutter alles Elendes, und
das tiefste Unwissen ist, wenn Er, der Unendliche,
weint und klagt, daß Er endlich sei. Daß wir, die
wir der unsterbliche, der ewig reine, der vollkommene Geist sind, glauben, wir seien kleine Geister
und kleine Leiber, das ist die Wurzel alles Irrtums,
das ist die Ursache aller Selbstsucht. Sobald man
glaubt, man sei nur ein kleiner Körper, hat man das
Bestreben, ihn zu bewahren, zu beschützen und
schön zu erhalten auf Kosten anderer Körper. So
entsteht die Vorstellung, man sei von anderen verschieden, und sobald diese Idee auftaucht, ist allem
Unheil Tür und Tor geöffnet. Hier ist der Vorteil:
wenn nur ein kleiner Bruchteil der lebenden Menschen die Ideen von Selbstsucht, Engherzigkeit und
Kleinlichkeit abstreifen könnte, würde die Erde
morgen zu einem Paradiese werden. Maschinen und
Fortschritte des materiellen Wissens allein können
diese Änderung nicht herbeiführen; sie vergrößern
das Elend, wie Öl, ins Feuer gegossen, die Flamme
vergrößert. Das materielle Wissen allein, ohne das
Wissen vom Geiste, ist wie Öl, das man ins Feuer
gießt; es ist ein Werkzeug mehr in den Händen
selbstsüchtiger Menschen, um andere zu berauben
und auf Kosten anderer zu leben, anstatt das eigene
Leben für sie hinzugeben.

Eine weitere Frage: Ist diese Erkenntnis praktisch

und kann sie in der modernen Gesellschaft angewandt werden? *Die Wahrheit huldigt keiner Gesellschaft, weder der alten, noch der modernen. Die Gesellschaft muß der Wahrheit huldigen oder sie muß untergehen.* Gesellschaften sollten auf Wahrheit aufgebaut sein, aber die Wahrheit hat sich nicht der Gesellschaft anzupassen. Wenn eine so edle Wahrheit wie Selbstlosigkeit in der Gesellschaft nicht verwirklicht werden kann, dann ist es für den Menschen besser, er gibt die Gesellschaft auf und zieht sich in die Waldeinsamkeit zurück. Der mutige Mensch würde das tun. Es gibt zweierlei Arten von Mut; den Mut, der sich auf dem Schlachtfeld bewährt, und den Mut der geistigen Überzeugung. Ein Kaiser, der in Indien einfiel, erhielt von seinem Lehrer den Rat, einige der dort lebenden Weisen aufzusuchen. Nach langem Suchen begegnete er einem sehr alten Manne, der auf einem Felsblock saß. Er unterhielt sich mit ihm, und, von seiner Weisheit stark beeindruckt, forderte er ihn auf, ihm in seine Heimat zu folgen. »Nein«, sagte der Weise, »ich bin in meinem Walde hier sehr zufrieden.« Da sagte der Kaiser: »Ich will dir Geld, Ämter und Reichtümer geben: ich bin der Beherrscher der Welt.« »Nein«, erwiderte der Weise, »an diesen Dingen liegt mir nichts.« Darauf der Kaiser: »Wenn du nicht mit mir kommst, werde ich dich töten.« Der Weise lächelte heiter und sagte: »Das ist das Dümmste, was du je gesagt hast, o Kaiser. Du kannst mich nicht töten. Mich kann die

Sonne nicht verbrennen, kein Feuer kann mich verzehren, kein Schwert kann mich durchbohren, denn
ich bin der Geburtlose und Todlose, ich bin der unsterbliche, allmächtige, allgegenwärtige Geist.« Dies
ist geistige Kühnheit, das andere ist der Mut des
Tigers oder des Löwen. Bei der Meuterei von 1857
wurde ein Swami, ein hoher und edler Mensch, von
einem mohammedanischen Aufständischen durch
einen Stich tödlich verletzt. Die meuternden Hindus
nahmen den Mann gefangen, brachten ihn zum
Swami und wollten ihn töten. Aber der Swami, ihn
ruhig anblickend, sagte: »Mein Bruder, du bist Er,
du bist Er« und verschied.

Welchen Wert hat es, von der Stärke eurer Muskeln zu sprechen, mit der Überlegenheit eurer westlichen Einrichtungen zu prahlen, wenn ihr nicht der
Wahrheit einen Platz in eurer Gesellschaft einräumt,
wenn ihr nicht eine Gesellschaft aufbauen könnt, die
mit der *Wahrheit* übereinstimmt. Welchen Sinn soll
dieses prahlerische Gerede über eure Großartigkeit
und euren Großmut haben, wenn ihr dann kommt
und sagt: »Dieser Mut ist nicht praktisch.« Ist
nichts anderes praktisch als Pfunde, Schillinge und
Pence? Wenn das wahr ist, mit welchem Recht bildet ihr euch etwas auf eure Gesellschaft ein? *Jene
Gesellschaft ist die wertvollste, in der die erhabensten Wahrheiten auch praktisch geübt werden.* Und
wenn die Gesellschaft für die erhabensten Wahrheiten ungeeignet ist, dann erneuert sie, und je

schneller desto besser. Steht auf in diesem Geiste,
Männer und Frauen, habt den Mut, an die *Wahrheit*
zu glauben und wagt es, die *Wahrheit* zu verwirklichen! Die Welt braucht ein paar hundert mutige
Männer und Frauen. Zeigt die Kühnheit, die es wagt,
die Wahrheit zu erkennen und sie im Leben zu verwirklichen, die nicht vor dem Tode zurückschreckt,
sondern im Gegenteil ihn willkommen heißt, die
Kühnheit, die dem Menschen zum Bewußtsein bringt,
daß er der *Geist* ist und daß nichts im ganzen Weltall ihn vernichten kann. Dann erst werdet ihr eure
wahre Seele kennen. »Erst vernimm von diesem
Atman, dann prüfe, was du vernommen hast, und
dann meditiere darüber *.«

In der heutigen Zeit neigt man dazu, Tätigkeit
für überaus wichtig zu halten und das Denken zu
verpönen. Tätigkeit ist sehr gut, aber schließlich
kommt das Denken zuerst. Kleine Kraftkundgebun-
gen durch die Muskeln nennt man Arbeit, aber ohne
Gedanken gibt es keine Arbeit. Wir wollen deshalb
unser Gehirn anfüllen mit hohen Gedanken und erhabenen Idealen, wir wollen sie uns Tag und Nacht
vor Augen halten, und das Ergebnis wird ein mächti-
ges Werk sein. Laßt uns nicht von Unreinheit sprechen,
sondern laßt uns sagen, wir sind alle rein. Wir haben
uns die Idee suggeriert, daß wir kleine Wesen seien,
geboren sind und sterben müssen, und wir haben uns
selbst in einen Zustand beständiger Furcht versetzt.

* Brihadaranyaka-Upanischad.

Man erzählt die Geschichte einer trächtigen Löwin, die auf der Suche nach Beute war; sie sah eine Schafherde und sprang sie an. Durch die Anstrengung starb sie, nachdem sie das Löwenjunge geboren hatte, das mutterlos zurückblieb. Die Schafe pflegten es und zogen es auf, und es wurde mit ihnen groß, Gras fressend und blökend wie die Schafe. Obwohl es mit der Zeit zu einem großen ausgewachsenen Löwen wurde, glaubte es, ein Schaf zu sein. Eines Tages erschien ein anderer Löwe auf der Suche nach Beute und war erstaunt, inmitten der Schafherde einen Löwen zu sehen, der bei herannahender Gefahr genau so floh wie die Schafe. Er versuchte, sich dem Schaf-Löwen zu nähern, um ihm zu sagen, daß er kein Schaf, sondern ein Löwe sei, aber das arme Tier floh, sobald es seiner ansichtig wurde. Er wartete auf eine günstige Gelegenheit, und als er eines Tages den Schaf-Löwen schlafend fand, näherte er sich und sagte: »Du bist ein Löwe«. »Ich bin ein Schaf«, rief der andere Löwe, und da er nichts anderes glauben konnte, blökte er. Der Löwe drängte ihn zu einem See und sagte: »Sieh mein Spiegelbild und sieh deines«. Da schaute er auf des Löwen und dann auf sein eigenes Spiegelbild, und augenblicklich wurde er sich bewußt, daß er ein Löwe war. Er brüllte, das Blöken war vorbei. Ihr seid Löwen, ihr seid reine, unendliche und vollkommene Seelen; in eurem Herzen wohnt die Macht des Alls. »Warum weinest du, mein Freund? Für dich

gibt es weder Geburt, noch Tod. Warum weinest du?
Für dich gibt es weder Krankheit noch Elend. Du
gleichst dem unendlichen Himmel, über den viel-
farbige Wolken ziehen, ein Weilchen spielen und
verschwinden. Aber der Himmel ist stets von gleicher
ewiger Bläue.«

Warum sehen wir Schlechtigkeit? Ein Baumstumpf stand da, und im Dunkel kam ein Dieb des
Weges und dachte, es sei ein Wächter. Ein junger
Mann, der auf seine Geliebte wartete, sah den Baumstumpf und dachte, es sei sein Liebchen; ein Kind,
dem man Gespenstergeschichten erzählt hatte, hielt
ihn für ein Gespenst und begann zu schreien. Aber
die ganze Zeit über war es der Baumstumpf. Wir
sehen die Welt so, wie wir sind. Nehmen wir an, in
einem Zimmer wäre ein kleines Kind, auf dem Tische
liege ein Beutel mit Gold und ein Dieb käme und
stehle das Gold. Wüßte das Kind, daß gestohlen
wurde? Was wir in uns haben, sehen wir außerhalb.
Das Kind weiß in seinem Herzen nichts von einem
Diebe, und daher sieht es auch keinen außerhalb.

Sprecht nicht von der Schlechtigkeit der Welt und
ihren Sünden, weint lieber, daß ihr sie noch sehen
könnt. Wenn ihr der Welt helfen wollt, verdammt
sie nicht und schwächt sie nicht noch mehr. Was ist
Sünde und was ist Elend anderes als die Folge von
Schwäche? Man lehrt die Menschen von Kindheit an,
sie seien Schwächlinge und Sünder und schwächt
die Welt täglich mehr und mehr durch solche Leh-

ren. Lehrt die Menschen, daß sie alle herrliche Kinder der Unsterblichkeit sind und lehrt es selbst jene, die die schwächsten sind. Laßt starke, bejahende und helfende Gedanken in sie einströmen und öffnet eure eigenen Herzen solchen Gedanken und nicht den schwächenden und lähmenden. Sagt euch wieder und wieder: »Ich bin Er, ich bin Er«. Laßt es Tag und Nacht in euch klingen wie eine Melodie und sagt es im Augenblicke des Todes: »Ich bin Er«. Dies ist die Wahrheit. Die unbegrenzte Macht des Alls ist euer. Treibt den Aberglauben aus, der euren Sinn verdunkelt. Seid kühn. Erkennt die Wahrheit und lebt der Wahrheit. Fern mag das Ziel sein, aber erwacht, erhebt euch und rastet nicht, bis das Ziel erreicht ist!

MAYA UND ILLUSION

Fast jeder hat schon das Wort Maya gehört. Gewöhnlich wird es — obgleich unrichtig — als Be-
zeichnung für Illusion oder Blendwerk oder etwas
Ähnliches gebraucht. Die Maya-Theorie ist eine der
Säulen, auf der Vedanta ruht, und deshalb ist es
notwendig, sie richtig zu verstehen. Die älteste Vorstellung von Maya, die wir in der vedischen Literatur finden, ist gleichbedeutend mit Täuschung, aber
damals war man noch nicht bei der wahren Theorie
angelangt. Man findet Stellen wie diese:

»Durch Zauber (Maya) verwandelte sich Indra
vielfach *.«

Hier sowohl, als auch an verschiedenen anderen Stellen hat Maya also die Bedeutung von Zauberei. Dann
verschwand das Wort Maya gänzlich. Aber in der
Zwischenzeit nahm die Entwicklung der Idee ihren
Fortgang. Später erhob sich die Frage: »Warum können wir das Geheimnis des Weltalls nicht kennen?«
Und die Antwort war sehr bezeichnend:

»Ihr kennt ihn nicht, der diese Welt gemacht hat,
Ein andres schob sich zwischen euch und ihn;
Gehüllt in Nebel und Geschwätz ... **.«

* Brihadaranyaka-Upanischad.
** Rig-Veda 10, 82, 7. Deußen.

Das Wort Maya wird hier gar nicht gebraucht, aber
die Idee wird uns nahegebracht, daß die Ursache
unseres Unwissens eine Art Nebel sei, der sich zwischen uns und die Wahrheit geschoben hat. Viel
später, in einer der letzten Upanischaden, finden wir
das Wort Maya wieder, aber jetzt hat eine Um-
wandlung stattgefunden, und es besitzt nunmehr eine
vielseitige Bedeutung. Die verschiedenartigsten Theorien wurden vorgebracht, neu aufgenommen und
wiederholt, bis schließlich die Idee der Maya geklärt
werden konnte. In der Swetasvatara-Upanischad
lesen wir: »Wisse: Natur ist Maya, und der Beherrscher dieser Maya ist der Herr selbst.« Die indischen
Philosophen haben das Wort Maya in mannigfaltiger
Weise angewandt, bis wir zum großen Philosophen
Shankara kommen. Auch die Buddhisten haben sich
ein wenig mit dem Worte Maya beschäftigt, aber bei
ihnen wurde daraus etwas ähnliches wie Idealismus,
und diese Bedeutung wird dem Worte Maya auch
heute noch allgemein beigemessen.

Wenn der Hindu sagt, die Welt ist Maya, dann
taucht sogleich die Vorstellung auf, die Welt sei eine
Illusion. Diese Auffassung hat eine gewisse Grundlage und stammt von einigen Philosophen einer budd-
histischen Sekte, die an die Außenwelt nicht glaubten.
Aber die Maya des Vedanta in ihrer spätesten Ent-
wicklungsform ist weder Idealismus, noch Realismus,
noch ist sie eine Theorie. Sie ist die einfache Feststellung von Tatsachen — dessen was wir sind und

was uns umgibt. Wir erwähnten schon früher, daß
die Verfasser der Veden eifrig darauf bedacht waren,
erste Ausgangspunkte zu entdecken und ihnen nach-
zugehen. Da sie tief in das Herz der Dinge dringen
wollten, fehlte ihnen die Zeit, Einzelheiten abzuwar-
ten oder auszuarbeiten. Irgend etwas jenseits rief sie
an, und sie konnten nicht warten. In den Upanischaden
verstreut finden wir Themen, die jetzt der modernen
Wissenschaft angehören, in den Einzelheiten falsch,
aber in den Grundsätzen richtig dargestellt. Beispielsweise ist die Idee des Äthers, eine der letzten Theorien
der modernen Wissenschaft, in unserer alten Literatur
weit mehr entwickelt als die Äthertheorie von heute,
jedoch nur in den Grundsätzen. Als man versuchte, zu
zeigen, wie dieses Prinzip sich auswirkte, beging man
zahlreiche Fehler. Die Theorie vom allesdurchdringenden Lebensprinzip, von dem jegliches Leben im Weltall nur eine wechselnde Kundgebung ist, kannte man
bereits in vedischen Zeiten; man findet sie in den
Brahmanas. In den Samhitas steht eine lange Lobes-
hymne auf Prana, die besingt, daß alles Leben nichts
anderes ist als die Offenbarung dieses Prana. Es ist
interessant, daß die vedische Philosophie Theorien
über die Entstehung des Lebens auf der Erde enthält, die auch einige moderne, europäische Wissenschafter vertreten. Die eine Theorie, wonach dieses
Leben von anderen Planeten stammt, ist wohlbekannt. Einige vedische Philosophen halten es für
sicher, das Leben sei vom Monde gekommen.

Diese vedischen Denker beweisen außerordentlichen Mut und bewundernswerte Kühnheit, wenn sie ihre verallgemeinernden und umfassenden Theorien über diese ersten Ursachen vertreten. Ihre Lösung des Geheimnisses des Weltalls vom wissenschaftlichen Standpunkt aus war so befriedigend, wie sie nur sein konnte. Die ins Einzelne gehenden Arbeiten der modernen Wissenschaft bringen das Problem um keinen Schritt der Lösung näher, weil sie in den Anfangsgrundsätzen fehlgehen. Wenn die Äthertheorie in alten Zeiten nicht imstande war, das Rätsel des Weltalls zu lösen, so würde auch eine ins Einzelne gehende Ausarbeitung dieser Theorie uns der Wahrheit nicht näher bringen. Wenn die Theorie des allesdurchdringenden Lebens verfehlte, das Universum zu erklären, hätten auch Einzelheiten nichts bedeutet, denn diese wären außerstande, das Grundgesetz des Weltalls zu ändern. Wir wollen damit sagen: die Hindudenker waren kühn, und in manchen Fällen kühner als die modernen, wenn es sich darum handelte, erste Grundsätze zu erforschen. Sie stellten einige der hervorragendsten, allgemein gültigen Sätze auf, die je von Menschen erdacht wurden. Einige davon sind bis auf den heutigen Tag Theorien geblieben, mit denen sich die moderne Wissenschaft noch gar nicht befaßt hat, nicht einmal als Theorien. Sie drangen, zum Beispiel, nicht nur bis zur Äthertheorie vor, sondern gingen über diese hinaus, indem sie sogar Gedanken und Gefühle als einen feineren

Äther klassifizierten und über jenen hinaus fanden
sie einen noch feineren Äther. Aber alles das war
keine Lösung des Problems, denn auch die voll-
ständigste Kenntnis der äußeren Welt konnte nicht
zu einer Lösung führen. »Aber«, sagt der Wissenschafter, »wir haben ja gerade erst angefangen, ein
wenig Kenntnis zu erwerben, wartet ein paar tausend
Jahre, und wir werden die Lösung finden.« »Nein«,
erwidert der Vedantist, denn er hat über allen Zweifel hinaus bewiesen, daß die verstandesmäßigen
Möglichkeiten des Menschen beschränkt sind, und
daß gewisse Grenzen nicht überschritten werden
können, nämlich die Grenzen von Zeit, Raum und
Kausalität. Ebensowenig wie ein Mensch aus seiner
Haut heraus kann, ebensowenig findet er über
die Grenzen hinaus, die ihm durch die Gesetze von
Zeit und Raum gegeben sind. Jeder Versuch, das
Problem von Zeit, Raum und Kausalität zu lösen,
muß vergeblich sein, weil man ihn unter der Voraussetzung machen müßte, daß diese drei auch tatsächlich existieren. Was also hat die Feststellung einer
Weltexistenz zu bedeuten? »Diese Welt hat keine
Existenz.« Damit ist gemeint, sie habe kein unbe-
dingtes Dasein, da sie nur in unserer Sinnesvorstel-
lung besteht. Diese Welt wird durch unsere fünf
Sinne wahrgenommen und wir müßten eine völlig
andere Vorstellung von ihr haben, wenn wir einen
oder einige Sinne mehr hätten; deshalb hat sie keine
wirkliche, unveränderliche, unbewegliche, unend-

liche Existenz. Ebenso wenig kann man aber von
Nicht-Existenz sprechen, da sie ja da ist, und wir in
ihr und durch sie wirken. Sie ist eine Mischung von
Sein und Nichtsein.

Wenn wir die Abstraktionen beiseite lassen und
die gewöhnlichen alltäglichen Einzelheiten des Lebens beobachten, finden wir daß unser ganzes Leben
ein einziger Widerspruch ist, durchsetzt von dieser
Mischung von Sein und Nichtsein. In all unserem
Wissen tritt dieser Widerspruch zutage. Es hat den
Anschein, als könne der Mensch alles wissen, wenn
er nur wollte, aber kaum hat er wenige Schritte getan, so befindet er sich einer unübersteigbaren Mauer
gegenüber. Seine ganze Tätigkeit bewegt sich im
Kreise, und er kann aus diesem Kreis nicht heraus.
Die Probleme, die ihm am meisten am Herzen liegen,
drängen ihn, Tag und Nacht nach einer Lösung zu
suchen, aber er kann sie nicht finden, weil er nicht
über die Grenzen seines Verstandes hinaus gelangen
kann. Und doch wurzelt diese Sehnsucht tief in ihm.

Jeder Atemzug und jeder Schlag unseres Herzens
drängt uns zur Selbstsucht; gleichzeitig aber steht
hinter uns eine Macht, die uns zuruft, Selbstlosigkeit
allein sei das Gute. Jedes Kind ist als Optimist geboren und träumt in der Jugend goldene Träume.
Für den jungen Menschen ist es schwer zu glauben,
daß es so etwas wie Tod, Niederlage und Erniedri-
gung gibt, aber das Alter kommt, und das Leben ist
ein Trümmerhaufen. Die Träume zerrinnen in nichts,

und der Mensch wird zum Pessimisten. So gehen wir, von der Natur getrieben, von einem Extrem zum anderen, ohne zu wissen, wohin wir gehen. Ein berühmtes Lied im Lalita Vistara, der Biographie Buddhas, illustriert diesen Zustand. Buddha, so erzählt das Buch, wurde als der Retter der Menschheit geboren, aber er verlor sich im Luxus seines Palastes. Engel kamen und sangen ein Lied, um ihn zu erwecken. Der Kehrreim des Liedes spricht von dem ständig wechselnden Strome des Lebens, auf dem wir ohne Halt und Rast abwärts treiben. So geht unser Leben dahin, ruhelos. Was sollen wir tun? Der Mensch, der genug zu essen und zu trinken hat, ist ein Optimist, und aus lauter Angst vermeidet er es, das Elend nur zu erwähnen. Ihm darf man nichts von den Leiden und Sorgen der Welt erzählen, ihm darf man nur sagen, wie schön alles ist. »Ja«, sagt er, »ich bin in Sicherheit. Ich lebe in einem schönen Hause, ich fürchte nicht Kälte noch Hunger, deshalb verschont mich mit diesen schrecklichen Schilderungen.« Aber anderswo sterben Menschen vor Kälte und Hunger, und wenn wir ihnen erzählen, alles sei wundervoll, so werden sie es nicht hören wollen. Wie könnten sie, die elend sind, anderen Gutes wünschen? So werden wir zwischen Optimismus und Pessimismus hin- und hergeworfen.

Und können wir etwa den mächtigsten Faktor unbeachtet lassen, den Tod? Die ganze Welt eilt dem Tode entgegen, alles stirbt. All unser Fortschritt,

unsere Eitelkeiten, unsere Reformen, Luxus, Reichtum
und Wissen, alles hat das gleiche Ende — Tod. Das
ist das einzige, was sicher ist. Städte entstehen und
zerfallen, Reiche werden mächtig und vergehen, Planeten bersten in Stücke und werden zu Staub, der
in die Atmosphäre anderer Planeten verweht wird.
Das ist der Lauf der Welt seit undenklichen Zeiten.
Der Tod ist das Ende aller Dinge; des Lebens, der
Schönheit, des Reichtums, der Macht und auch der
Tugend. Heilige sterben und Sünder, Könige und
Bettler. Alles geht dem Tode entgegen, unfehlbar,
und klammert sich doch zäh ans Leben. Irgendwie,
wir wissen selbst nicht warum, hängen wir am
Leben; wir können es nicht aufgeben. Und das ist
Maya.

Sorgfältig pflegt die Mutter ihr Kind, dem sie ihre
ganze Seele, ihr ganzes Leben widmet. Das Kind
wächst auf, wird zum Manne und vielleicht ein
Tunichtgut und Rohling, der die Mutter täglich mißhandelt. Und doch hängt die Mutter an dem Kinde,
und wenn ihre Vernunft erwacht, deckt sie sie mit
ihrer Liebe zu. Sie weiß nicht, daß es gar nicht Liebe
ist, sondern irgend etwas, das sich ihrer Nerven be-
mächtigt hat und das sie nicht abschütteln kann.
Wie sie sich auch mühen mag, sie kann die Fessel
nicht abstreifen — und das ist Maya.

Wir alle laufen hinter dem goldenen Vließ her,
und jeder Einzelne meint, er müsse es erringen. Jeder
vernünftige Mensch sieht ein, daß seine Aussicht viel-

leicht eins zu zwanzig Millionen ist, und doch kämpft
er darum. Und das ist Maya.

Tag und Nacht schreitet der Tod über unsere
Erde dahin, und trotzdem glauben wir, wir könnten
ewig leben. König Yudhisthira wurde einst gefragt:
»Was ist das größte Wunder auf Erden?«, und er
erwiderte: »Täglich sterben Menschen rings um uns,
und doch glauben wir, wir müßten nie sterben *.«
Und das ist Maya.

Diese verblüffenden Widersprüche in unserem
Wissen, ja in allen Tatsachen des Lebens, treten uns
beständig entgegen. Ein Reformator steht auf, um
gewissen Übeln in einer Nation abzuhelfen, aber bevor sie beseitigt sind, erstehen tausend neue. Es ist
wie ein altes, baufälliges Haus; während man es an
einer Stelle repariert, fällt es an einer anderen ein.
In Indien predigen die Reformer gegen das Übel des
Heiratverbots für Witwen, im Westen betrachtet
man das Ledigbleiben als das große Übel. Helft den
Unverheirateten auf der einen Seite, weil sie leiden,
und helft den Witwen auf der anderen, weil *sie* leiden. Die Reformatoren predigen, Bildung, Wohlstand
und Kultur sollten nicht nur einigen wenigen Auserwählten zugute kommen, und sie lassen nichts un-
versucht, um diese Güter allen zugänglich zu
machen. Vielleicht tragen sie dazu bei, einige glück-
licher zu machen, aber vielleicht vermindert sich,
während die Kultur wächst, das physische Wohl-

* Mahabharata, Vana-Parva.

befinden. Das Wissen um Glück bringt das Wissen um Unglück mit sich. Welchen Weg sollen wir einschlagen? Das geringste Ansteigen materiellen Gedeihens verursacht anderswo das gleiche Ansteigen materieller Not. Dies ist ein Gesetz. Die Jugend wird dies nicht einsehen wollen, aber wer lange genug gelebt und gekämpft hat, versteht es. Und das ist Maya.

Dies ist der Lauf der Welt, tagaus, tagein, und eine Lösung des Problems ist unmöglich. Warum? Diese Frage kann nicht beantwortet werden, weil sie gar nicht logisch formuliert werden kann. Bei Tatsachen gibt es weder ein *wie* noch ein *warum;* wir können nur wissen, daß sie *sind,* und müssen sie hinnehmen. Wir sind weder imstande, uns von diesen Dingen ein genaues Bild zu machen, noch sind wir fähig, sie zu begreifen. Wie sollten wir dann eine Lösung finden können? Der Begriff Maya schließt einfach die Existenz des Universums und sein Verhalten ein. Die Menschen lieben es nicht, wenn man ihnen diese Dinge klar macht. Wir aber müssen mutig sein, denn wir können kein Heilmittel finden, indem wir die Tatsachen ignorieren. Wir kennen alle die Geschichte des von Hunden verfolgten Hasen, der den Kopf in den Sand steckt und sich alsdann in Sicherheit wähnt. Wenn wir uns in den Optimismus flüchten, machen wir es wie der Hase, aber das ist kein Heilmittel. Leute, die mit Gütern dieser Erde gesegnet sind, mögen Einwände dagegen erheben, denn hier

in diesem Lande ist es sehr schwer, Pessimist zu
werden. Jeder findet, die Welt sei ausgezeichnet und
ihre Fortschritte seien bewundernswert, aber jeder
lebt in seiner eigenen Welt. Die alten Fragen tau-
chen auf, ob nicht das Christentum die einzig wahre
Religion sei, weil die christlichen Völker so erfolgreich sind? Aber diese Behauptung widerspricht sich
selbst, weil nämlich die Blüte der christlichen Völker das Elend der nicht-christlichen Völker zur Folge
hat. Irgendeiner muß zum Objekte der Ausbeutung
werden, und wenn die ganze Welt christlich wäre,
müßten die christlichen Nationen verarmen, weil sie
keine nicht-christlichen ausbeuten könnten. Die Tiere
leben von Pflanzen, die Menschen leben von Tieren
und was das schlimmste ist, sie leben einer vom
anderen, der Starke auf Kosten des Schwachen. Wohin wir blicken, es ist das gleiche Bild. Und das ist
Maya.

Wo ist die Lösung zu finden? Täglich erzählt man
etwas Neues und erklärt, alles werde sich schließlich
zum Guten wenden. Aber wenn wir sogar annehmen,
daß dem so wäre, warum hat es dann auf diese teuflische Weise zu geschehen? Warum kann Gutes nicht
durch Gutes vollbracht werden? Wenn unsere Nachkommen glücklich sein werden, wozu müssen wir
so viel Leid erdulden? Es gibt keine Lösung: Und
das ist Maya.

Häufig hört man die Ansicht, es sei ein Merkmal
der Entwicklung, daß sie Übles beseitige, und wenn

dieser Prozeß weit genug fortgeschritten sei, werde
zuletzt nur Gutes übrig bleiben. Das klingt sehr
schön. Es schmeichelt der Eitelkeit jener, die mit
irdischen Gütern gesegnet sind, die keinen Kampf
um das tägliche Brot zu bestehen haben und nicht
unter der Bürde dieser sogenannten Entwicklung erdrückt werden. Für diese Bevorzugten ist das sehr
angenehm und bequem; ihnen liegt nichts daran,
wenn die große Masse leidet; laß' sie zugrunde gehen, sie ist ohnehin wertlos. Aber das ganze Argument ist falsch von Anfang bis zum Ende. Erstens
wird als selbstverständlich vorausgesetzt, das uns in
dieser Welt vor Augen tretende Gute und Böse seien
zwei unbedingte Wirklichkeiten, und zweitens geht
es von der noch falscheren Annahme aus, das Gute
sei eine zunehmende und das Böse eine abnehmende
Menge, so daß schließlich nur Gutes übrig bleibe.
Kann jemand nachweisen, daß das Übel im Abneh-
men begriffen sei? Betrachten wir, beispielsweise,
einen Naturmenschen, der im Walde lebt und seine
geistigen Möglichkeiten in keiner Weise pflegt, der
weder lesen noch schreiben kann. Er wird sich von
einer schweren Verletzung sehr rasch erholen, während wir an einer Schramme sterben. Die Maschinen
verbilligen alles, bringen Fortschritt und Entwicklung, aber Millionen werden erdrückt, um Einen reich
zu machen, während gleichzeitig Tausende verarmen
und menschliche Wesen zu Sklaven erniedrigt werden.

Der tierische Mensch lebt ein ausschließliches Sinnenleben. Wenn er nicht genug zu essen hat, oder wenn seinem Körper etwas zustößt, ist er unglücklich. Seine Leiden und seine Freuden beginnen und endigen in den Sinnen. Sobald der Mensch aber fortschreitet und sein Glückshorizont sich erweitert, vergrößern sich im gleichen Ausmaße auch seine Unglücksmöglichkeiten. Der Waldmensch kennt keine Eifersucht, weiß nichts von Gerichtshöfen, zahlt keine Steuern und kennt nicht den Tadel der Gesellschaft. Er weiß nicht, was es bedeutet, unter der Fuchtel dieser teuflischsten Tyrannei zu stehen, die je erfunden wurde und welche die tiefsten Geheimnisse jedes Menschenherzens auskundschaftet. Er weiß nicht, daß der Mensch mit all seinem eitlen Wissen und all seinem Stolz tausendmal teuflischer sein kann als irgendein Tier. Wenn wir den niederen Sinnen entwachsen, entwickeln wir größere Genußmöglichkeiten, aber zur selben Zeit auch größere Leidensmöglichkeiten. Die Nerven werden feiner und damit empfindlicher für Leiden. Je größer der Fortschritt, desto mehr Möglichkeiten für Leid und Schmerz öffnen sich uns. Und das ist Maya.

Maya ist demnach keine Theorie, welche die Welt erklärt, sondern eine einfache Feststellung der gegebenen Tatsachen, nämlich: die eigentliche Grundlage unseres Daseins ist der Widerspruch. Wie und wo wir uns bewegen, haben wir mit diesem Widerspruch zu tun. Wo Gutes ist, ist auch Schlechtes, und wo

Schlechtes ist, muß auch Gutes sein; dem Leben folgt der Tod als sein Schatten, und wer lächelt wird auch weinen müssen, und umgekehrt. Dies ist der unabänderliche Lauf der Dinge. Wir mögen uns wirklich einbilden, es gebe einen Ort, wo kein Leid, sondern nur Freude herrscht, wo wir nur lachen und nie weinen werden, aber die Natur der Dinge selbst läßt dies nicht zu, denn die Bedingungen sind überall die gleichen. Wo immer wir die Macht antreffen, die ein Lächeln hervorruft, dort lauert auch die Macht, die Tränen erzeugt, wo immer wir der Macht begegnen, die Glück bringt, dort lauert auch die Macht, die es uns wieder nimmt.

Die Vedanta Philosophie ist weder optimistisch, noch pessimistisch. Sie wird beiden Anschauungen gerecht und nimmt die Dinge so, wie sie sind; sie gibt zu: diese Welt ist eine Mischung von Gut und Böse, von Glück und Unglück, und wenn das eine zunimmt, muß notwendigerweise auch das andere zunehmen. Es kann niemals eine ausschließlich gute oder ausschließlich schlechte Welt geben, denn schon diese Idee ist ein Widerspruch in sich selber. Das große Geheimnis, das uns hier verraten wird, zeigt: Gut und Böse sind keine scharf getrennten Wesenheiten. In dieser Welt kann man nichts mit gut und nichts als gut, oder mit böse und nichts als böse bezeichnen. Was uns heute als gut erscheint, mag uns morgen als schlecht erscheinen. Was dem einen Freude bringt, kann einem anderen Leid verursachen.

Das Feuer, das ein Kind brennt, kann auch dazu dienen, eine Mahlzeit für einen Verhungernden zu kochen. Es sind die gleichen Nerven, die entweder schmerzhafte oder angenehme Gefühle vermitteln. Wenn wir dem Schlechten Einhalt gebieten, müssen wir auch dem Guten Einhalt gebieten; es gibt keinen anderen Weg. Wenn wir den Tod nicht wollen, dürfen wir auch das Leben nicht wollen, denn Leben ohne Tod, und Glück ohne Unglück sind unmöglich. Eines allein können wir nicht haben, weil jedes nur eine verschiedene Kundgebung ein und derselben Macht ist.

Wenn wir auf unser Leben zurückblicken und uns überlegen, welche Ideale wir zu verschiedenen Zeiten hatten, finden wir bestätigt, daß vieles, was uns früher gut und wünschenswert erschien, heute für uns nichtig ist. Heute kommen uns vielleicht unsere Ideale von früher lächerlich vor. Vedanta sagt, die Zeit werde kommen, da wir auf jene Ideale, die uns so sehr an unserer Persönlichkeit haften ließen, mit Lächeln zurückblicken werden. Wir alle möchten diesen Körper auf unbegrenzte Zeit bewahren, weil wir glauben, von ihm hänge unser Glück ab; aber es wird eine Zeit kommen, da uns diese Vorstellung lächerlich erscheinen wird.

Wenn das alles richtig ist, dann befinden wir uns also in einem Zustand hoffnungslosen Widerspruches, der weder Sein, noch Nichtsein, weder Glück, noch Unglück ist, sondern eine Mischung von beiden. Was nützen uns also Vedanta und alle anderen Religionen und Philosophien? Und vor allem, wozu sollten wir Gutes tun? Diese Frage kommt uns zu allererst in den Sinn. Wenn man wirklich nichts Gutes tun kann, ohne gleichzeitig Böses zu tun und keine Freude bringen kann, ohne gleichzeitig Leid zu verursachen, dann ist die Frage berechtigt: »Wozu soll man Gutes tun?« Die Antwort lautet: Wir müssen etwas tun, um die Not zu verringern, denn das ist die einzige Art und Weise, um selbst glücklich zu werden. Wir alle entdecken das früher oder später; die Klugen etwas früher, die Dummen etwas später. Ferner müssen wir unsere Pflichten erfüllen, weil dies der einzige Weg ist, um diesem Leben der Widersprüche zu entrinnen. Solange das Gute und das Böse für uns vorhanden ist, solange wird auch diese Welt für uns vorhanden sein, bis wir aus unseren Träumen erwachen und unsere Kindergartenspiele aufgeben. Das ist die Lektion, die wir zu lernen haben, und es wird eine lange, lange Zeit dauern, sie zu erlernen.

In Deutschland sind Versuche gemacht worden, ein philosophisches System auf der Grundlage aufzubauen, das Unendliche sei endlich geworden. Auch in England hat man derartige Versuche gemacht. Wenn man den Standpunkt dieser Philosophen analysiert, so macht ihrer Ansicht nach das Unendliche den Versuch, sich im Universum zu offenbaren, und eine Zeit wird kommen, in der dem Unendlichen die-

ser Versuch gelingen wird. Das klingt sehr schön,
aber der Philosoph verlangt natürlich ein logisches
Fundament für die Behauptung, das Endliche sei
imstande, das Unendliche voll und ganz auszudrük-
ken. Das Unbedingte und das Unendliche können
nur durch Begrenzung zum Universum werden. Alles,
was wir mittels der Sinne empfinden oder mit dem
Verstande begreifen, muß begrenzt sein. Die Annahme, das Endliche könne zum Unendlichen werden, ist sinnlos und völlig unhaltbar.

Vedanta gibt zu, das Unbedingte oder Unendliche
mache den Versuch, sich im Endlichen auszudrücken,
erklärt aber gleichzeitig, irgendwann müsse dieser
Versuch mißlingen. Dann wird es den Rückzug antreten, und dieser Rückzug bedeutet Verzicht, den
wahren Anfang aller Religion. Heutzutage ist es
schwierig, von Verzicht auch nur zu reden, und
trotzdem ist es der einzige Weg zur Religion. Ver-
zichte und entsage! Sagte nicht Christus: »Wer sein
Leben verliert um meinetwillen, der wird es finden *.« Wieder und wieder predigt Er Entsagung
als den einzigen Weg zur Vollkommenheit. Irgendwann kommt die Zeit, da der Mensch aus diesem
langen, traurigen Traume erwacht, das Kind sein
Spielzeug wegwirft und zu seiner Mutter zurück
möchte, und dann wird er die Wahrheit erkennen,
die in dem Satze liegt: »Durch Genuß können Begierden niemals befriedigt werden, im Gegenteil, sie

* Matthäus X, 39.

werden angefacht, wie Feuer, in das Öl gegossen
wird *.« Das trifft zu auf alle Sinnesgenüsse, auf
alle intellektuellen und sonstigen Genüsse, deren der
Mensch fähig ist. Sie sind wertlos, sind in Maya be-
fangen, sind innerhalb des Netzes, aus dem wir nicht
entkommen können. Wir mögen uns in diesem Netze
tummeln auf ewige Zeiten, ohne ein Ende zu finden,
und sobald wir uns ein wenig Genuß verschafft
haben, wird er von einer Masse Elend verdrängt.
Wie fürchterlich ist dies! Wenn man darüber nach-
denkt, kommt man zur Einsicht, daß die Maya-
Theorie, die Feststellung, alles sei nur Maya, die einzige und beste Erklärung bietet.

Sollen wir also keine guten Taten verrichten?
Doch, mit mehr Eifer denn je, aber das Wissen um
den wahren Stand der Dinge wird dazu beitragen,
unseren Fanatismus zu zerstören. Der Engländer
wird aufhören, Fanatiker zu sein, den Hindu zu ver-
fluchen und wird lernen, die Sitten anderer Völker
zu achten. Fanatiker können keine guten Arbeiter
sein, weil sie drei Viertel ihrer Energie verschwen-
den. Nur ein ausgeglichener, ruhiger und praktischer
Mensch kann richtig arbeiten. Wenn wir uns die
Tatsachen, wie sie sind, stets vor Augen halten, werden wir mehr Geduld an den Tag legen, und unsere
Arbeitskraft wird wachsen. Der Anblick von Not
und Elend wird uns nicht aus dem Gleichgewicht
bringen und uns nicht veranlassen, hinter Schatten

* Mahabharata, Adiparva, Kap. 85.

herzujagen, weil wir wissen, daß die Welt ihren eigenen Weg zu gehen hat. Wenn, beispielsweise, alle
Menschen gut geworden sind, werden sich inzwischen
die Tiere zu Menschen entwickelt haben, um den
gleichen Gang zu gehen und nach ihnen das Pflan-
zenreich. Eines nur ist sicher; der mächtige Strom
fließt zum Meere und jeder Tropfen, aus dem sich
dieser Strom zusammensetzt, wird im Laufe der Zeit
vom uferlosen Meere aufgenommen. Inmitten von
Sorgen und Elend, von Freuden, Lächeln und Tränen in diesem Leben, haben wir die eine Gewißheit:
Alles bewegt sich dem Endziele zu. Es kann nur eine
Frage der Zeit sein, wann wir alle, Menschen, Tiere,
Pflanzen und alles Leben das unendliche Meer der
Vollkommenheit erreichen und zur Freiheit, zu Gott
gelangen werden.

Wir wiederholen es, die Vedanta Philosophie ist
weder optimistisch noch pessimistisch und behauptet
nicht, diese Welt sei ausschließlich schlecht oder gut.
Sie sagt nur, daß für uns das Böse nicht weniger
wertvoll sei als das Gute, und das Gute nicht wert-
voller als das Böse; sie sind untrennbar. *So* ist die
Welt, und wenn wir es wissen, werden wir geduldig
arbeiten. Aber weshalb sollten wir arbeiten? Warum
nicht Agnostiker werden? Den modernen Agnostikern ist die Unlösbarkeit des Problems ebenfalls
bekannt, und sie wissen keinen Ausweg aus dem
Übel, das wir Maya nennen. Deshalb lehren sie, wir
sollten uns zufrieden geben und das Leben genießen.

Aber dies ist ein ganz gewaltiger Irrtum, eine ganz unlogische Schlußfolgerung. Was verstehen wir unter Leben? Meinen wir das Leben in den Sinnen? Hierin unterscheiden wir uns nur wenig vom Tiere, und es gibt wohl kaum einen Menschen, der ein ausschließliches Sinnenleben führt. Dieses Leben muß also etwas mehr bedeuten. Unsere Gefühle, Gedanken und Sehnsüchte gehören zu unserem Leben, und einer der wichtigsten Bestandteile dieses Lebens ist das Ringen dem Ideal entgegen, das Ringen um Vollkommenheit. Wenn wir den Agnostikern glauben, müssen wir das Leben genießen, so wie es ist. Aber die Bedeutung und der Sinn dieses Lebens ist das Suchen nach dem Ideal, nach der Vollkommenheit, und solange dies unser Ziel ist, können wir keine Agnostiker sein und können die Welt nicht so nehmen, wie sie uns erscheint. Die agnostische Anschauung nimmt dieses Leben *ohne* die ideale Komponente, als ob es alles wäre, was überhaupt existiert. Das Ideal, so sagt der Agnostiker, kann nicht erreicht werden, und deshalb gibt er die Suche nach ihm auf.

Alle Religionen, von der primitivsten bis zur höchst entwickelten, versuchen — die einen weniger, die anderen mehr — die uns von der Natur gesetzten Grenzen zu überschreiten. Sie bringen dies zum Ausdruck durch die Mythologie oder durch Symbole, durch Erzählungen von Göttern, Engeln oder Dämonen, durch Berichte über Heilige und Seher, hervorragende Männer oder Propheten oder durch ab-

strakte Philosophie — alles in der Absicht, diese
Grenzen zu überschreiten. Kurz, sie alle streben nach
Freiheit. Bewußt oder unbewußt, fühlt der Mensch,
daß er gebunden und nicht das ist, was er gerne sein
möchte. Vom Tage an, da er um sich zu blicken begann, mußte er erfahren, daß er gebunden war, aber
gleichzeitig war etwas in ihm, das sich emporschwin-
gen wollte, unbekümmert um den Körper, aber noch
niedergehalten durch dessen Schranken. Selbst in den
primitivsten Religionen, in denen abgeschiedene Vorfahren und andere Geister verehrt werden, die meist
grausam, blutdürstig und berauscht um die Häuser
ihrer Freunde schlichen, selbst hier finden wir den
einen gemeinsamen Faktor: die Freiheit. Der Mensch,
der Götter verehrt, glaubt, sie hätten mehr Freiheit
als er. Er glaubt, verschlossene Türen und Mauern
seien keine Hindernisse für die Götter. Diese Idee der
Freiheit wächst, bis sie sich zum Ideal des persönlichen Gottes aufschwingt, den man sich vor allem
als ein Wesen jenseits der Naturgrenzen, jenseits von
Maya, vorstellt. In einer jener Waldeinsiedeleien
wurde diese Frage von den ehrwürdigen Weisen Indiens erörtert, und als selbst die ältesten und heilig-
sten unter ihnen vergeblich die Lösung suchten, stand
aus ihrer Mitte ein Jüngling auf und verkündete:

»Hört, Brüder, Kinder ewiger Glückseligkeit,
Und Götter, die ihr in den Himmeln wohnet:
Ich kenne jenen Geist, den großen,

Jenseits von Finsternis mit goldnem Glanze
    leuchtend.
Nur wer Ihn kennt, entrinnt dem Tode,
Kein andrer Weg führt jenseits von Geburt
    und Sterben *.«

Maya ist überall. So furchtbar dies auch sein
mag, wir müssen durch sie wirken. Wer erst handeln
will, wenn die ganze Welt vollkommen ist, um sich
alsdann der Seligkeit zu erfreuen, ist wie der Mann,
der am Gangesufer sitzt und sagt: »Wenn alles Wasser ins Meer geflossen ist, werde ich den Fluß durchschreiten.« Nicht mit Maya, sondern gegen Maya
führt der Weg. Wir sind nicht geboren, um der Natur
zu helfen, sondern um sie zu bekämpfen. Sie ist
unsere Leibeigene, aber wir haben uns zu ihrer Ge-
fangenen gemacht. Wieso steht dieses Haus hier? Die
Natur hat es nicht erbaut, sie sagt: »lebt im Wald!«
Aber der Mensch sagt, ich werde ein Haus bauen
und die Natur bekämpfen, und er tut es. Die ganze
Geschichte der Menschheit ist ein ununterbrochener
Kampf gegen die sogenannten Naturgesetze, und am
Ende gewinnt der Mensch. Und im Bereich der inneren Natur findet der gleiche Kampf statt, der Kampf
zwischen dem Tiermenschen und dem Geistes-
menschen, zwischen Licht und Finsternis, und auch
hier siegt der Mensch. Er bricht gleichsam seine Bahn
zur Freiheit durch die Natur hindurch.

* Swetasvatara Upanischad.

Die Philosophen des Vedanta haben das entdeckt, was jenseits von Maya liegt, und wer dorthin gelangt, kann nicht von Maya gebunden werden. In einer oder der anderen Form ist diese Idee das Gemeingut aller Religionen, aber bei Vedanta ist es erst der Anfang und nicht das Ende der Religion. Die Idee vom *persönlichen Gott,* dem Schöpfer und Lenker des Weltalls, wie man Ihn genannt hat, dem Beherrscher der Maya oder der Natur, ist nicht das Ende der vedischen Gedanken, sondern erst ihr Anfang. Die Idee wächst und wächst, bis der Vedantist entdeckt, daß Er, den er überall suchte, er selbst ist; daß Er in Wirklichkeit in ihm ist. Er selbst ist der Freie, aber, von Schranken umgeben, hielt er sich für gebunden.

MAYA UND DIE ENTWICKLUNG DES GOTTESBEGRIFFS

Die Maya-Idee, einen der Grundpfeiler des Advaita Vedanta, findet man in ihren ersten Anfängen schon in den Samhitas, wie man überhaupt alle späterhin in den Upanischaden entwickelten Gedanken in den Samhitas in dieser oder jener Form antrifft. Wir sind nunmehr mit der Maya-Idee bereits vertraut, und wir entsinnen uns, wie Maya fälschlicherweise häufig als Illusion gedeutet wird. Sagt man also, das Weltall sei Maya, so würde dies bedeuten, die Welt sei eine Illusion. Diese Übersetzung des Wortes ist weder glücklich noch korrekt. Maya ist keine Theorie, sondern eine einfache Feststellung von Tatsachen in Bezug auf das Weltall, wie es ist, und um Maya zu verstehen, ist es notwendig, auf die Samhitas zurückzugreifen und beim Ursprunge zu beginnen.

Wir erinnern uns, wie die Idee von den Göttern entstand, und wie diese Götter anfangs nichts anderes waren als nur mächtige Wesen. Wenn wir die alten heiligen Schriften der Griechen, der Hebräer oder der Perser lesen, so fällt uns auf, wie ihre Götter manchmal Dinge taten, die für unsere heutigen Begriffe abstoßend sind. Wir sollten aber beim Lesen dieser Bücher daran denken, daß wir im 20. Jahrhundert leben, während diese Götter vor Tausenden von Jahren existierten, und die Menschen, die jene Götter anbeteten, empfanden deren Verhalten weder unangemessen, noch furchterregend, weil sie ihnen ähnlich waren. Wir sollten überhaupt lernen, andere Menschen nach ihrem eigenen Ideal zu beurteilen und nicht unser Ideal zum Maßstab nehmen. Fast alle unsere Streitigkeiten rühren aus diesem Irrtum, daß wir die Götter der anderen nach unseren Göttern, ihre Ideale nach unseren Idealen und ihre Beweggründe nach unseren Beweggründen beurteilen. Wir mögen unter bestimmten Umständen ebenso handeln wie ein anderer und dann glauben, seine Beweggründe wären die gleichen gewesen wie unsere, jedoch vergessen wir, daß zahlreiche Ursachen das gleiche Ergebnis hervorbringen und somit die Motive des anderen von den unseren verschieden sein können. Wenn wir die alten Religionen betrachten, müssen wir uns also in das Leben und die Gedanken jener früheren Zeiten zurückversetzen.

Vielen mißfällt die Vorstellung von dem grausamen, und erbarmungslosen Jehova des Alten Testaments. Aber mit welchem Recht nehmen sie an, daß der Jehovah der alten Juden die herkömmliche Gottesvorstellung unserer Zeit darstellt? Wir sollten nicht vergessen, daß Generationen nach uns kommen werden, die über unsere Ideen von Gott und Religion genau so denken werden, wie wir heute über jene Vorstellungen der alten Völker denken. Aber durch alle diese mannigfaltigen Vorstellungen läuft der goldene Faden der Einheit.

>Die Welten alle sind an mich gereiht,
  wie Perlen an der Perlenschnur *«

sagt Krishna, der Herr, und Vedanta hat es sich zur Aufgabe gemacht, diese verbindende Schnur zu finden inmitten all dieser Ideen, die im Lichte der heutigen Zeit gesehen, manchmal abstoßend erscheinen mögen, aber in ihrer alten Umgebung harmonisch waren und nicht schrecklicher als unsere jetzigen Vorstellungen. Nur wenn wir sie aus ihrem Milieu herausnehmen und im Lichte der gegenwärtigen Umstände betrachten, tritt das Abschreckende zutage, weil die alte Umgebung tot und vergangen ist. Genau wie der alte Jude sich zu dem tüchtigen, scharfsinnigen, modernen Juden und der alte Arier zu dem intellektuellen Hindu entwickelt hat, ist Jehovah und sind die Götter gewachsen. Es ist ein großer Irrtum, nur die Entwicklung des Anbeters und nicht auch die des Angebeteten zuzugeben. Warum sollte man dem Verehrten nicht den gleichen Fortschritt zugute halten, wie dem Verehrer? Das heißt, wenn wir, als Repräsentanten einer Idee wachsen, dann können auch die Götter, die ebenfalls eine Idee repräsentieren, wachsen. Es mag etwas merkwürdig klingen, daß Gott wachsen könne. Er kann es nicht. Er ist unwandelbar. Im gleichen Sinne kann aber auch der

* Bhagavad Gita, VII, 7. Übersetzung Franz Hartmann.

wahre Mensch nicht wachsen. Jedoch die Vorstellung, die sich der Mensch von Gott macht, wandelt
und erweitert sich ständig. Wir werden später sehen,
daß der wahre Mensch, der hinter jeder dieser menschlichen Kundgebungen steht, unbeweglich, unveränderlich, rein und ewig vollkommen ist. Die Vorstellung,
die wir uns von Gott machen, ist ebenso nur eine
Kundgebung, unsere eigene Schöpfung! Hinter ihr
steht der wahre Gott, unveränderlich, ewig rein und
unwandelbar. Aber die Manifestation ändert sich
fortwährend und enthüllt die hinter ihr stehende
Wirklichkeit mehr und mehr. Wenn sie mehr von
dieser Wirklichkeit *ent*hüllt, nennt man es Fortschritt und wenn sie mehr davon *ver*hüllt, heißt dies
Rückschritt. Wenn *wir* wachsen, wachsen also auch
die Götter. Vom gewöhnlichen Standpunkt aus offenbaren sich die Götter im gleichen Ausmaße, wie wir
uns im Laufe unserer Entwicklung offenbaren.

Wir werden nunmehr in der Lage sein, die Maya-
Theorie besser zu verstehen. Alle Religionen der
Welt bewegen sich um die eine Frage: Warum ist
Disharmonie im Universum? Warum gibt es Übel in
der Welt? In den frühen Anfängen primitiver, religiöser Ideen treffen wir diese Frage nicht an, weil
dem primitiven Menschen die Welt nicht so wider-
sinnig erschien. Für ihn war die Welt nicht unharmo-
nisch; die Meinungen stießen nicht aufeinander. Für
ihn gab es keinen Widerstreit zwischen Gut und
Böse, sondern ein Gefühl im eigenen Herzen sagte

ihm ja oder nein. Der primitive Mensch war ein
Triebmensch, der so handelte, wie es ihm gerade
einfiel, und der die Gedanken, die ihm in den Sinn
kamen, durch seine Muskeln zum Ausdruck brachte.
Er hielt sich nicht damit auf, zu urteilen, und nur
selten machte er den Versuch, seine Triebe zu zügeln.
Ebenso waren seine Götter Geschöpfe, die ihren Trieben folgten. Indra kommt und zerschmettert die
Macht der Dämonen. Jehovah mag den einen leiden,
den anderen nicht, niemand weiß oder fragt, warum.
Man stellte damals keine Fragen und betrachtete
alles, was Er tat, als recht; der Gedanke von Gut
und Böse tauchte gar nicht auf. Indra und die anderen Götter verübten nach heutigen Begriffen viele
schlechte Taten, aber die Verehrer Indras rechteten
nicht, weil ihnen der Gedanke von Schlechtigkeit gar
nicht in den Sinn kam.

Der Kampf begann mit dem Fortschreiten sittli-
cher Ideen. Im Menschen entwickelte sich ein gewisser Sinn, der eine hemmende Macht ausübte — verschiedene Sprachen und Völker gaben ihm verschiedene Namen — nennen wir ihn Gottesstimme, oder
das Ergebnis vergangener Erziehung. Ein Trieb in
unserem Inneren sagt: »Tu' es« und dahinter ist eine
Stimme, die uns zuruft: »Tu' es nicht«. Ein Gedankenstrom in uns drängt durch die Sinneskanäle nach
außen, und dahinter ist eine, wenn auch feine und
schwache und unendlich leise Stimme, die uns zu-
flüstert: »Geh' nicht nach außen«. Die beiden schö-

nen Sanskritworte für diese Erscheinungen sind:
Pravritti und Nivritti, Auswärtskreisen und Einwärtskreisen. Das Auswärtskreisen bestimmt gewöhnlich unsere Handlungen. Religion beginnt mit
dem Einwärtskreisen. Religion und Religiosität beginnen mit jenem »Tu' es nicht«. Wo das »Tu' es
nicht« fehlt, hat Religion noch nicht angefangen.
Und dieses »Tu' es nicht« war es, das die Menschen
emporführte, den kämpfenden Göttern, die man anbetete, zum Trotze.

Ein wenig Liebe erwachte in den Herzen der
Menschheit, sehr wenig, wir gestehen es, und selbst
heute ist sie nicht viel größer. Zunächst beschränkte
sie sich auf den Volksstamm und umfaßte vielleicht
Mitglieder des gleichen Stammes. Die Götter liebten
ihren Stamm, und jeder Gott war ein Stammgott, der
seinen Stamm beschützte. Bisweilen betrachteten sich
die Angehörigen eines Volksstamms als die Nachkommen ihres Gottes, so wie die Sippschaften in
verschiedenen Ländern sich als die Nachkommen des
Begründers ihrer Sippschaft betrachteten. Es gab in
alten Zeiten, und es gibt noch heute Völker, die behaupten, nicht nur die Nachkommen jener Stammes-
götter, sondern sogar der Sonne und des Mondes zu
sein. Die alten Sanskritbücher geben Bericht von den
großen Heldenkaisern der Sonnen- und Monddyna-
stien. Erst beteten sie Sonne und Mond an, und allmählich betrachteten sie sich selbst als die Nachkommen des Sonnen- oder Mondgottes. Mit dem

Wachsen jener Stammesideen erwuchs auch ein wenig Liebe, eine vage Vorstellung von Pflicht gegen andere und damit ein Anzeichen von gesellschaftlicher Organisation. Ganz natürlich ergab sich das Problem: »Ist es möglich, zusammen zu leben ohne Übung in Geduld und Nachsicht?« Wie können Menschen miteinander leben, ohne bisweilen ihre Triebe im Zaume zu halten, sich Zurückhaltung aufzuerlegen und Handlungen zu unterdrücken, zu denen ihre Sinne sie antreiben? Es ist unmöglich. So entstand die Idee der Selbstbeschränkung. Der ganze gesellschaftliche Aufbau ruht auf der Idee dieser Selbstbeschränkung, und wir alle sollten wissen, daß der ein unglücklicher Mensch ist, der nicht die große Lektion des Ertragens und Erduldens erlernt hat.

Mit dem Erscheinen jener religiösen Gedanken dämmerte im menschlichen Intellekt die Ahnung von edleren Dingen und höherer Sittlichkeit auf. Man fand die lärmenden, streitenden, trinkenden und fleischessenden Götter der Alten, deren Wonne der Duft brennenden Fleisches und das Opfer berauschender Getränke war, unerträglich. Indra trank bisweilen so heftig, daß er zu Boden fiel und unzusammenhängende Reden führte. Solche Götter konnte man nicht länger ertragen. Man hatte angefangen, die Beweggründe zu untersuchen, und die Götter ihrerseits wurden in diese Untersuchung mit einbezogen. Man fahndete nach Erklärungen für diese und jene Handlungsweise und konnte keine finden.

Aus diesem Grunde gab der Mensch jene Götter auf,
oder vielmehr er entwickelte höhere Begriffe von
ihnen. Man hielt gleichsam einen Überblick über die
Handlungen und Eigenschaften aller Götter, schied
diejenigen aus mit denen man nicht mehr überein-
stimmte, hielt an jenen fest, die man begreifen konnte
und vereinigte sie alle unter dem einen Namen,
Deva-deva, Gott der Götter. Der Gott, der angebetet
wurde, war nicht länger nur ein Sinnbild der Macht,
man verlangte mehr von ihm. Er wurde zu einem
sittlichen Gott, der die Menschen liebte und der
Menschheit Gutes erwies. Aber noch blieb der persönliche Gottesbegriff. Man erhöhte seine sittliche
Bedeutung, man vergrößerte seine Macht, und so
wurde er das ideale und allmächtige Wesen im
Weltall.

All das aber war nur Flickwerk. Mit dem wach-
senden Umfange der Erklärung wuchsen auch die
Schwierigkeiten, die man zu erklären versuchte.
Wenn Gottes Eigenschaften sich im arithmetischen
Verhältnis vermehrten, dann vermehrten sich die
Zweifel und Einwendungen im geometrischen Verhältnis. Was man gegen Jehovah sagen konnte war
gering, gemessen an den Einwänden gegen einen allmächtigen Gott des Weltalls, und diese Frage bleibt
auch heute offen. Wie ist es möglich, daß unter der
Herrschaft eines allmächtigen und allgütigen Gottes
teuflische Dinge gestattet sind? Warum so viel mehr
Elend als Glück und so viel mehr Ruchlosigkeit als

Gutes? Wir mögen uns blind stellen, die Tatsache bleibt bestehen: dies ist eine abscheuliche Welt, eine Hölle. Hier sind wir, mit unbändigen Trieben und Begierden und können sie nicht befriedigen. Eine Welle erhebt sich und treibt uns vorwärts gegen unseren eigenen Willen, aber sobald wir einen Schritt machen, erhalten wir einen Schlag. Wir sind dazu verdammt, wie Tantalus zu leben. Ideale erwachen in uns, weit jenseits dessen, was unsere Sinne zu erfüllen vermögen, und wir sind außerstande, ihnen Ausdruck zu verleihen. Wir werden von der wogenden Masse um uns herum zermalmt. Wenn wir aber das Streben nach Idealen aufgeben und nur den Kampf ums Leben kämpfen, entarten wir zum Tiere und degenerieren. Auf keine Weise werden wir glücklich. Unglück ist das Los derer, die, weil sie nun einmal geboren sind, einfach ihr Leben leben, und tausendmal größer das Unglück jener, die den Mut haben, nach der Wahrheit und nach höheren Dingen zu streben und sich über das Dasein des Tieres erheben möchten. Dies sind die Tatsachen, und es gibt keine Erklärung dafür und kann keine geben. Vedanta aber zeigt uns den Ausweg. Wir haben Tatsachen kennen zu lernen, die bisweilen furchterregend sein können, aber wenn wir ihnen ins Auge sehen, über sie nachdenken, sie in uns verarbeiten und uns zu eigen machen, werden wir imstande sein, die Wahrheit zu erkennen und unser Leben danach zu gestalten.

Hier ist die Feststellung einer Tatsache: diese
Welt ist eine Hölle, wir kennen diese Welt eigentlich
nicht und können trotzdem nicht behaupten, sie nicht
zu kennen. Man kann zum Beispiel von einem Gegenstand nicht sagen, er existiere, wenn man es nicht
weiß. Vielleicht ist das Ganze ein Blendwerk des
Gehirns? Vielleicht träumen wir nur? Kann jemand
beweisen, daß es kein Traum ist? Vielleicht ist sogar die Existenz unseres Gehirns ein Traum, nie hat
jemand sein eigenes Gehirn gesehen; wir nehmen es
als selbstverständlich hin. Woher wissen wir, ob unser eigener Körper existiert, und trotzdem können
wir nicht sagen, wir wüßten es nicht. Schwankend
zwischen Wissen und Nichtwissen, in einem geheimnisvollen Halbdunkel, inmitten eines Gemisches von
Wahrheit und Falschheit, die sich irgendwo begegnen, wandeln wir wie im Traume, halb wach, halb
schlafend, und leben unser ganzes Leben in einem
Taumel. Dies ist unser aller Los, das Los aller Sin-
neserfahrungen, das Los jeder Philosophie, aller
prahlerischen Wissenschaften, aller eingebildeten
menschlichen Erkenntnis. Dies ist die Welt.

Was wir Materie, Geist, Verstand oder mit einem
anderen Namen nennen, die Tatsache bleibt bestehen,
daß wir von ihnen nicht sagen können, sie sind oder
sie sind nicht: wir können von ihnen nicht sagen,
ob sie eine Einheit oder eine Vielheit sind. Es ist
das ewige Spiel von Licht und Finsternis, unbe-
stimmt, ununterscheidbar, untrennbar! Eine Tat-

sache, und doch wiederum keine Tatsache, gleichzeitig wachend und schlafend. So ist es, und das ist Maya. In Maya sind wir geboren, in Maya leben wir, denken wir und träumen wir. Philosophen sind wir in Maya, geistige Menschen sind wir in Maya, ja, sogar Teufel und Götter sind wir in ihr. Unsere Gedanken mögen in die fernsten Weiten und die erhabensten Höhen schweifen, wir mögen sie unendlich oder sonst irgendwie nennen, auch diese Gedanken sind innerhalb Maya. Anders kann es nicht sein, denn alles menschliche Wissen ist nur eine Verallgemeinerung von Maya, ein Versuch, sie so zu kennen, wie sie uns erscheint. Es ist das Werk von Nâma Rupa — von Name und Form. Alles was Form hat, alles was einen Gedanken in uns erweckt, ist innerhalb Maya, denn alles was durch die Gesetze von Zeit, Raum und Kausalität gebunden ist, ist in Maya.

Kehren wir zu unserem früheren Thema, dem Gottesbegriffe, zurück. Wir hielten bei der Idee eines Wesens, allgütig, selbstlos, allmächtig und ewig, der Herrscher des Weltalls, und fanden diese Vorstellung unbefriedigend. Wo ist denn der gerechte, gütige Gott?, fragte der Philosoph. Läßt Er nicht Millionen und Abermillionen Seiner Kinder, Menschen und Tiere, untergehen? Kann irgend jemand leben, ohne andere zu töten? Wir leben, weil Millionen sterben. Jeder Augenblick unseres Lebens, jeder Atemzug, den wir tun, jeder Bissen, den wir essen, bedeutet

Tod für Tausende. Warum müssen sie sterben? Ein
alter Trugschluß behauptet, sie seien niedrige Lebewesen. Wer weiß, ob die Ameise höher ist als der
Mensch oder der Mensch höher als die Ameise? Wer
kann das eine oder das andere beweisen? Aber nehmen wir selbst an, sie seien niedrige Lebewesen,
warum müssen sie sterben? Wenn sie niedrig sind,
so ist das ein Grund mehr, sie leben zu lassen, denn
ihr Leben ist in den Sinnen, und sie sind daher für
Lust und Schmerz tausendmal empfindlicher als wir.
Wir können kein Mahl mit dem gleichen Genusse
verzehren wie ein Wolf oder ein Hund, weil unsere
Kraft nicht ausschließlich in den Sinnen liegt, sondern im Intellekt und im Geiste. Aber die Tiere,
deren ganze Seele in den Sinnen liegt, werden toll
vor Lust an Dingen, von denen wir Menschen uns
nichts träumen lassen, und ihr Schmerzgefühl entspricht der Stärke des Lustgefühls. Daraus folgt, daß
ein Tier den Schmerz ebenso, wenn nicht mehr als der
Mensch empfindet, und im Tode tausendmal mehr
leidet als er, und doch töten wir die Tiere, ohne uns
um ihre Leiden zu kümmern. Und das ist Maya.

Wenn ein persönlicher Gott, der einem menschlichen Wesen ähnlich ist, all dies so eingerichtet
haben soll, dann können uns auch die sogenannten
Erklärungen und Theorien, die den Beweis erbrin-
gen wollen, Gutes komme aus Schlechtem, nicht zufriedenstellen. Laßt zwanzigtausend gute Dinge geschehen, warum sollten sie aus Übel entstehen? Nach

dieser Theorie wäre man berechtigt, anderen die Kehle durchzuschneiden, um seine fünf Sinne voll zu befriedigen. Warum sollte Gutes aus Schlechtem kommen? Die Frage ist unbeantwortet, und sie kann nicht beantwortet werden. Die indische Philosophie mußte das zugeben.

Vedanta war und ist das kühnste Religionssystem. Es machte vor nichts Halt und genoß den Vorzug, daß keine Priesterkaste versuchte, die Wahrheit zu unterdrücken, weil in Indien stets unbedingte religiöse Freiheit herrschte. Während im Westen die Gesellschaft jede Freiheit genießt, ist die Gesellschaft in Indien durch Aberglauben gelähmt. Soziale Angelegenheiten werden in Indien sehr genau genommen, aber die religiöse Anschauung ist frei. In England kann sich jemand anziehen, wie er will, er kann essen, was er will, ohne Anstoß zu erregen, aber wenn er Sonntags nicht in die Kirche geht, wird er schief angesehen. Erst muß er sich der religiösen Anschauung der Gesellschaft fügen, und dann erst hat er das Recht, über die Wahrheit nachzusinnen. In Indien dagegen wendet sich die Gesellschaft mit aller Macht gegen jeden, der sich mit einem nicht seiner Kaste Angehörenden an einen Tisch setzt, oder der sich anders kleidet als seine Vorfahren vor Hunderten von Jahren. In der Religion jedoch finden wir Atheisten, Materialisten und Buddhisten, Glauben, Meinungen und Ansichten jeder Art und Weise, darunter die erstaunlichsten, Seite an Seite. Prediger

aller Sekten finden wir lehrend und Anhänger wer-
bend, und die Brahmanen — zu ihrer Ehre sei es
gesagt — erlauben sogar den Materialisten, ihre
Meinungen vor den Toren der Tempel zu verkünden.

Buddha starb in hohem Alter. Ein amerikanischer
Gelehrter las gerne über sein Leben, aber er war
nicht damit einverstanden, daß Buddha nicht am
Kreuze starb. Was für eine perverse Idee! Ist ein
Mensch nur groß, wenn er ermordet wird? Solche
Vorstellungen sind in Indien unbekannt. Der große
Buddha wanderte durch ganz Indien, verleugnete
seine Götter und sogar den Gott des Weltalls, wurde
achtzig Jahre alt und bekehrte das halbe Land. —
Die Tscharvakas, zum Beispiel, verkündeten abscheuliche Dinge, einen krassen und unverblümten
Materialismus, wie man ihn sogar heutzutage nicht
zu predigen wagt. Man gestattete ihnen von Tempel
zu Tempel und von Stadt zu Stadt zu ziehen und zu
verkünden, Religion sei Unsinn und Pfaffenlist, die
Veden Worte und Niederschriften von Narren, Schuf-
ten und Dämonen, und daß es weder Gott noch eine
unsterbliche Seele gäbe. Sie fragten, warum die Seele
denn nach dem Tode nicht zurückkäme, angezogen
von des Weibes oder der Kinder Liebe? Sie hatten
die Vorstellung, wenn es eine Seele gäbe, müßte sie
auch nach dem Tode noch den Wunsch nach Liebe,
gutem Essen und schönen Kleidern haben. Kein
Mensch tat jenen Tscharvakas etwas zuleide.

Indien pflegte zu allen Zeiten diese herrliche Idee

der religiösen Freiheit, und wir müssen wissen, daß Freiheit die erste Voraussetzung für Wachstum ist. Was nicht frei ist, kann nicht wachsen. Die Idee, man könne anderen helfen zu wachsen, man könne sie führen und leiten, während man selbst als der Lehrer seine Freiheit beibehält, ist ein unsinniger und gefährlicher Irrtum, der das Wachstum von Millionen menschlicher Wesen aufgehalten hat. Nur im Vollgenuß des Lichtes der Freiheit kann die Menschheit sich entwickeln.

In Indien gestattet man Freiheit in religiösen Dingen und besitzt auch heute noch eine ungeheure geistige Macht im religiösen Gedanken. Im Westen gestattet man die gleiche Freiheit in sozialen Dingen und besitzt eine glänzende gesellschaftliche Organisation. In Indien hat man in gesellschaftlichen Angelegenheiten keine Freiheit gestattet, und die Folge ist eine Entartung der Gesellschaft. Im Westen hat man in religiösen Dingen die Freiheit versagt und den Glauben mit Feuer und Schwert aufgezwungen, und das Ergebnis ist eine Verkümmerung und Entartung der Religion im europäischen Geiste. Wenn wir in Indien die Gesellschaft und in Europa die Religion von ihren Fesseln befreien, werden wir eine herrliche Entwicklung und Blüte erleben. Wenn wir entdecken, daß allen diesen geistigen, moralischen und sozialen Entwicklungen etwas Einheitliches zugrunde liegt, dann werden wir verstehen, wie im Lichte Vedantas gesehen, Religion im vollsten Sinne

des Wortes unsere Gesellschaft und unser tägliches
Leben durchdringen muß, daß alle Wissenschaften
und überhaupt alles in der Welt nur Offenbarungen
der Religion sind.

Auch die Wissenschaften konnten nur auf dem
Boden der Freiheit aufgebaut werden. Wir möchten
hier zwei verschiedene Richtungen unterscheiden,
nämlich die materialistische oder zersetzende und die
aufbauende oder bejahende, die man beide merkwürdigerweise in jeder Gesellschaft antrifft. Sobald
ein Übel auftritt, bildet sich eine Gruppe, die es
gehässig, manchmal fanatisch, bekämpft. Fanatiker
gibt es in jeder Gesellschaft, und die Frauen, infolge ihrer impulsiven Natur, gehören häufig zu
ihnen. Jeder Fanatiker, der als Ankläger auftritt,
wird schnell Gefolgschaft finden, denn es ist leicht,
niederzureißen. Jeder Wahnsinnige kann zerstören,
aber kann er aufbauen? Soziale Einrichtungen sind
nicht in einem Tage entstanden, und wenn man sie
ändern will, muß man ihre Ursache beseitigen.
Durch Anklagen läßt sich kein Übel ausrotten, man
muß es an der Wurzel packen, seine Ursache und
damit auch die Wirkung beseitigen. Bloße Ent-
rüstung ist zwecklos und wird höchstens das Unglück vergrößern.

Auf der anderen Seite finden wir Menschen voll
Mitgefühl im Herzen und mit dem Verständnis für
die Notwendigkeit, bis zur Ursache vorzudringen, —
die großen Heiligen. Alle großen Lehrmeister der Welt

haben erklärt, sie seien nicht gekommen, aufzulösen, sondern zu erfüllen. Häufig wurde diese Idee mißverstanden, und ihre Geduld wurde für einen unwürdigen Kompromiß mit der öffentlichen Meinung gehalten. Selbst heute noch kann man gelegentlich die Ansicht hören, daß jene Propheten und Prediger aus Feigheit nicht wagten, das zu tun und zu sagen, was sie für recht hielten; aber das ist nicht so. Fanatiker haben kein Verständnis für die unendliche Liebe, die in den Herzen dieser großen Weisen wohnte. Sie betrachteten die Einwohner dieser Erde als ihre Kinder. Sie waren die wahren Väter, die wahren Götter, erfüllt von unbegrenztem Mitgefühl und unendlicher Geduld für jedermann, und jederzeit bereit, zu ertragen und zu erdulden. Sie wußten, wie die menschliche Gesellschaft gedeihen konnte, und geduldig und allmählich, aber sicher, wandten sie ihre Heilmittel an, nicht, indem sie die Menschen verurteilten und bedrohten, sondern durch sanftes und gütiges Aufwärtsführen von Stufe zu Stufe. So waren die Männer, welche die Upanischaden niederschrieben. Sie wußten, daß die alten Gottesbegriffe mit den vorgeschrittenen sittlichen Ideen nicht in Einklang zu bringen waren; sie wußten, daß die Ansichten der Atheisten nicht nur Körnchen, sondern goldene Berge von Wahrheit enthielten, aber sie erkannten auch die Unmöglichkeit, eine neue Gesellschaftsordnung in der Luft aufzubauen.

Man kann nichts Neues aufbauen, man kann

nur umstellen und die Lage der Dinge verändern. Wir brauchen keine neuen Wahrheiten zu erfinden, sondern müssen unsere ganze Kraft der bestehenden Wahrheit widmen, um sie zu erfüllen. So machten es die alten Weisen, sie verurteilten nicht die alten Gottesbegriffe, sondern suchten nach der Wahrheit, die in ihnen lag. Das Ergebnis war die Vedanta-Philosophie. In den alten Gottheiten, im monotheistischen Gott, dem Beherrscher des Weltalls, fanden sie jene hohe und erhebende Idee, die das Unpersönliche, Unbedingte genannt wurde; sie fanden Einheit im ganzen Weltall.

»Wer in dieser Welt der Vielheit die Einheit, in dieser Welt des Todes das *eine* unendliche Leben, in dieser Welt der Finsternis und des Unwissens das *eine* Licht und Wissen findet, der nur hat ewigen Frieden, und kein anderer, und kein anderer *.«

* Katha Upanischad.

MAYA UND DIE FREIHEIT

»Auf Wolken der Herrlichkeit kommen wir daher«, sagt der Dichter *. Nicht alle von uns kommen
auf Wolken der Herrlichkeit, gar manche kommen
auf schwarzen Nebeln; darüber kann es keinen Zweifel geben. Aber alle kommen wir in diese Welt, um
zu kämpfen wie auf einem Schlachtfeld, um uns
klagend einen Weg zu bahnen durch dieses grenzenlose Meer des Lebens, so gut wir können. Unermeßliche Zeitalter hinter uns, und unabsehbare Zeitspannen vor uns, gehen wir vorwärts, bis der Tod
uns ereilt und vom Kampfplatze hinwegführt, siegreich oder geschlagen, wir wissen es nicht. Und das
ist Maya.

Von Hoffnung erfüllt ist das Herz in der Jugend;
in den Augen des Jünglings ist die Welt ein goldener
Traum, und er glaubt, sein Wille sei über alles erhaben. Aber jedem Schritte nach vorwärts stellt sich
die Natur entgegen und versperrt seine Zukunft mit
einer Mauer aus Granit. Wieder und wieder rennt
er gegen diese Mauer an und versucht sie zu durchbrechen. Aber bei jedem Schritte weicht das Ideal
weiter zurück, bis der Tod kommt und — vielleicht
die Erlösung. Und das ist Maya.

Ein Mann der Wissenschaft steht auf, dürstend

* Wordsworth: ›Intimations on Immortality‹.

nach Wissen. Kein Opfer ist zu groß, kein Kampf zu hoffnungslos für ihn. Ein Geheimnis nach dem anderen entreißt er der Natur, er dringt bis in ihr innerstes Herz vor. Wofür? Warum das alles? Warum sollten wir ihn preisen? Warum sollte er berühmt werden? Vollbringt nicht die Natur unendlich viel mehr als irgend ein menschliches Wesen? Und die Natur ist stumpf und empfindungslos. Worin liegt das Verdienst, Stumpfes und Empfindungsloses nachzuahmen? Die Natur kann einen Blitzstrahl beliebiger Größe in beliebige Entfernungen schleudern. Die Schwerkraft zertrümmert die gewaltigsten Massen, die unsere menschliche Phantasie sich ausmalen kann, in Stücke. Wenn ein Mensch nur den winzigsten Teil dieser Leistung vollbringt, loben wir ihn in den Himmel. Warum? Warum sollten wir jemand loben, weil er die Natur nachahmt, Tod, Stumpfheit, Empfindungslosigkeit? Und doch richten wir unser ganzes Streben darauf. Und das ist Maya.

Die Sinne zerren die Seele nach außen. Der Mensch sucht Freude und Glück, wo er es nimmermehr finden kann. Seit undenklichen Zeiten lehrt man die Menschheit, alles sei eitel und vergänglich, daß hier kein Glück zu finden sei, aber wir können es nicht lernen, es ist unmöglich. Nur die eigene Erfahrung kann unser Lehrmeister sein. Immer wieder machen wir den Versuch und bekommen einen Schlag. Lernen wir daraus? Nicht einmal dann. Wie die Motten in die Flamme, stürzen wir uns auf Sinnesgenüsse, in der Hoffnung, Befriedigung zu finden. Mit erneuten Kräften kehren wir zurück, bis wir sterben, gebrochen und betrogen. Und das ist Maya.

Vom Wunsche beseelt, die Geheimnisse des Weltalls zu lösen, können wir nicht aufhören, zu fragen; wir meinen, wir müßten wissen und wollen nicht daran glauben, daß wir nicht wissen können. Wir machen ein paar Schritte, und vor uns erhebt sich die unübersteigbare Wand der Zeit ohne Anfang und Ende, die undurchdringliche Mauer des grenzenlosen Raumes, das Ganze umschlossen vom Walle der Ursache und Wirkung. Wir können nicht darüber hinaus. Trotzdem kämpfen wir und müssen weiter kämpfen. Und das ist Maya.

Mit jedem Atemzug, mit jedem Herzschlag, mit jeder Bewegung glauben wir, wir seien frei und müssen doch im gleichen Augenblicke erfahren, daß wir es nicht sind. Wir sind gebundene Sklaven, Leibeigene der Natur in Körper und Geist, in all unseren Gedanken und Gefühlen. Und das ist Maya.

Glaubt nicht jede Mutter, ihr Kind sei ein geborenes Genie, das außergewöhnlichste Kind, das je die Welt sah? Sie ist verliebt in ihr Kind, gibt ihm ihre ganze Seele. Das Kind wächst auf, wird vielleicht zu einem Trunkenbolde und Rohling, der die Mutter mißhandelt, aber je größer die Mißhandlungen, desto größer die Liebe der Mutter. Die Welt preist diese selbstlose Mutterliebe und ahnt nicht, daß die

Mutter eine Sklavin ist, die sich nicht zu helfen weiß.
Tausendmal lieber würde sie die Bürde von sich
werfen, aber sie kann es nicht, und deshalb deckt
sie Blumen darüber und nennt sie wundervolle Liebe.
Und das ist Maya.

Eine Legende* berichtet, wie einst Narada zu
Krishna sagte: »Herr, zeige mir Maya«. Einige Tage
vergingen, und Krishna forderte Narada zu einem
Spaziergange in die Wüste auf. Nachdem sie einige
Meilen gegangen waren, sagte Krishna: »Narada, ich
bin durstig, kannst du mir etwas Wasser holen?« Mit
den Worten: »Ich will sogleich gehen, o Herr, um
dir Wasser zu bringen« ging Narada. In einiger Ent-
fernung sah er ein Dorf. Auf der Suche nach Wasser
betrat er das Dorf und klopfte an einer Türe, die
von einem wunderschönen Mädchen geöffnet wurde.
Sobald er ihrer ansichtig wurde, vergaß Narada den
Wunsch seines Herrn, der vielleicht vor Durst um-
kam. Er vergaß alles und begann mit dem Mädchen
zu plaudern. Diesen ganzen Tag kehrte er nicht zu
seinem Herrn zurück. Am nächsten Tag ging er wieder zu diesem Hause und unterhielt sich mit dem
Mädchen. Aus der Unterhaltung wurde Liebe, er bat
den Vater um die Hand der Tochter, und sie heirate-
ten und lebten im Hause und hatten Kinder. Zwölf
Jahre vergingen. Sein Schwiegervater starb, er erbte
sein Besitztum und lebte anscheinend ein sehr glück-
liches Leben mit Weib und Kindern inmitten seiner

* Bhagavata-Purana, Kap. 28/29.

Felder und Herden. Dann kam eine Überschwem-
mung. Eines Nachts übertrat der Fluß seine Ufer
und überflutete das ganze Dorf. Häuser stürzten ein,
Menschen und Tiere wurden fortgerissen und ertran-
ken, und alles wurde vom Strudel des Wassers erfaßt. Narada mußte fliehen. Sein Weib an einer
Hand, zwei seiner Kinder an der anderen, ein drittes
Kind auf dem Rücken, so versuchte er, die gewaltigen Fluten zu durchqueren. Nach einigen Schritten
packte der Strudel das Kind auf seinem Rücken und
riß es mit sich fort. Narada stieß einen Schrei der
Verzweiflung aus. Beim Versuch, dieses Kind zu ret-
ten, verlor er den Halt und die beiden anderen Kinder verschwanden in den Fluten. Schließlich wurde
sein Weib, das er mit aller Macht an sich hielt, vom
Strudel fortgerissen, und er wurde ans Ufer geworfen, wo er weinend und bitter klagend liegen blieb.
Da ertönte hinter ihm eine sanfte Stimme: »Mein
Kind, wo bleibt mein Wasser? Du wolltest mir Wasser holen, und ich warte auf dich, du bist schon über
eine halbe Stunde weg.« »Eine halbe Stunde?«, rief
Narada. Zwölf volle Jahre schien er erlebt zu haben,
und alle diese Ereignisse hatten sich in einer halben
Stunde abgespielt! Und das ist Maya.

In dieser oder jener Weise leben wir alle in ihr.
Man muß diesen äußerst schwierigen und verwik-
kelten Sachverhalt verstehen. In jedem Lande wurde
er gepredigt und gelehrt, aber nur wenige glaubten
daran, weil wir erst durch eigene Erfahrung über-

zeugt werden können. Diese Erfahrung enthüllt uns
die erschreckende Tatsache, daß alles nichtig ist.
Zeit, die Rächerin aller Dinge, kommt und läßt nichts
übrig. Sie verschlingt den Heiligen und den Sünder,
den König und den Bauern, den Schönen und den
Häßlichen, sie läßt nichts übrig. Alles, unsere Kenntnisse, unsere Künste, unsere Wissenschaften, alles
stürzt dem einen Ziele zu, der Vernichtung. Keiner
kann sich gegen die Flut anstemmen oder sie auch
nur für eine Minute aufhalten. Menschen in einer
pestverseuchten Stadt suchen Vergessenheit im Trinken und Tanzen und anderen fruchtlosen Unterneh-
mungen und werden wie gelähmt. So machen auch
wir den Versuch, im Sinnestaumel Vergessenheit zu
suchen. Und das ist Maya.

Zwei Auswege hat man vorgeschlagen. Der eine,
sehr übliche und jedem bekannte, lautet: »Alles das
mag wahr sein, aber denk' nicht daran, sondern
mache Heu, solange die Sonne scheint, wie das
Sprichwort sagt. Alles das ist richtig, es ist eine Tatsache, aber mach' dir nichts daraus. Genieße die paar
Freuden, so gut du eben kannst, blicke nicht auf die
düstere Seite des Bildes, sondern sieh' nur die hoffnungsvolle, die positive Seite.« Diese Theorie enthält einerseits eine gewisse Wahrheit, denn Hoffnung
und ein positives Ideal sind wichtige Triebkräfte in
unserem Leben, aber anderseits auch die Versuchung,
den Kampf verzweifelt aufzugeben. Wir mögen wohl
dem Grundsatze huldigen, die Welt so zu nehmen

wie sie ist, uns so ruhig und bequem wie möglich
einzurichten und mit all dem Elend zufrieden zu
sein. Wenn wir Schläge erhalten, so können wir
behaupten, es seien Blumen, und wenn wir gleich
Sklaven umhergetrieben werden, so mögen wir uns
vormachen, frei zu sein; Tag und Nacht können wir
anderen und uns selbst Lügen vorerzählen, weil das
die einzige Art und Weise ist, glücklich zu leben.
Man hat dieses Verhalten praktische Weisheit genannt, und nie wurde sie mehr angewandt als gerade im 19. Jahrhundert, weil nie härtere Schläge
ausgeteilt wurden, als gerade jetzt, nie war der
Wettbewerb rücksichtsloser, nie waren die Menschen
so grausam zu ihren Mitmenschen. Deshalb ist dieser
Trost besonders notwendig, und nie hat man ihn
mehr in den Vordergrund geschoben als in der Gegenwart. Aber er ist vergebens und muß vergebens
sein. Man kann Verwesendes nicht mit Rosen zu-
decken; es ist unmöglich und würde nicht lange
vorhalten, denn die Rosen verwelken gar bald, und
die Verwesung wäre schlimmer als vorher. In unserem Leben ist es ebenso. Wir mögen unsere alten und
schwärenden Wunden mit Goldbrokat bedecken, aber
eines Tages wird der Goldbrokat entfernt werden,
und die Wunde wird in ihrer ganzen Häßlichkeit
zum Vorschein kommen.

Gibt es also keine Hoffnung, kein Entrinnen? Es
ist richtig: wir alle sind Sklaven der Maya, in Maya
geboren und in Maya lebend; wir sind alle elend,

diese Welt ist ein Gefängnis, und auch unsere sogenannten Wolken der Herrlichkeit sind nur ein Gefängnis. Selbst unsere Vernunft und unser Verstand
sind nur Gefängnisse, und das weiß man seit undenklichen Zeiten. Was wir auch sagen mögen, wir
alle wissen dies, und es gibt keinen Menschen auf
Erden, der es nicht dann und wann gefühlt hätte; am
meisten fühlen es die alten Leute mit Lebenserfah-
rung, die sich von der Natur nicht mehr so leicht
betrügen lassen. Wo ist der Ausweg? Selbst an-
gesichts dieser fürchterlichen Tatsachen, inmitten
von Kummer und Sorgen, selbst in dieser Welt, in
der Leben und Tod gleich viel bedeuten, selbst hier
können wir die leise Stimme vernehmen, die in allen
Zeiten, in allen Ländern, in allen Herzen klingt:

> »Wohl ist es schwer, den Schleier (Maya) zu durch-
>   dringen,
> den Zauberkreis der wechselnden Natur,
> der dir, o Prinz, mein Angesicht verhüllt;
> doch wer zu Mir allein sich wendet,
> erhebt sich über ihn und kommt zu Mir *.«

»Kommt her zu Mir alle, die ihr mühselig und beladen seid, ich will euch erquicken **.« Dies ist die
Stimme, die uns führt, die wir von jeher gehört
haben und immer wieder hören. Wenn alles verloren
scheint, wenn alle Hoffnung uns verlassen hat, wenn
das Vertrauen auf unsere eigene Stärke zunichte ist,

---

* Bhagavad Gita VII, 14. Übersetzung Franz Hartmann.
** Matthäus XI, 28.

wenn alles zwischen unseren Fingern zerrinnt und
das Leben eine hoffnungslose Ruine ist, dann ertönt
diese Stimme dem Menschen, dann vernimmt er sie.
Und das ist Religion.

Hier wird also die kühne Behauptung aufgestellt,
daß all dies keinen Sinn habe und Maya sei, aber
gleichzeitig die hoffnungsvolle Versicherung gegeben, jenseits von Maya gebe es einen Ausweg. Auf
der anderen Seite sagen uns die praktischen Leute:
»Zerbrecht euch nicht den Kopf über solchen Unsinn wie Religion und Metaphysik; lebt hier! Es ist
eine elende Welt, in der Tat, aber findet euch damit
ab, so gut es geht.« In klarer Sprache ausgedrückt
bedeutet das, ein heuchlerisches, lügnerisches Leben
zu führen, ein Leben unausgesetzten Betruges. Be-
decke die wunden Stellen so gut du kannst, setz'
Flicken auf Flicken bis alles verloren ist, und du
selber nichts als ein großes Flickwerk bist. Das
nennt man dann praktisch leben. Wer mit dem
Flickwerke zufrieden ist, wird nie eine Religion
haben. Religion beginnt mit einer großen Unzufriedenheit mit dem gegenwärtigen Zustande, mit dem
Leben, einem Haß, einem tiefen Haß gegen dieses
Leben von Flickwerken und mit einem grenzenlosen
Widerwillen gegen Lug und Betrug. Religiös kann
nur der sein, der den Mut eines Buddha hat. Als ihn
die Versuchung überkam, den Weg der Wahrheit
aufzugeben, zu seinem früheren Leben des Betruges
zurückzukehren, Dinge beim falschen Namen zu

nennen, sich selbst und andere zu belügen, sah er,
daß all dies sinnlos sei, aber er fand keinen Ausweg.
Doch er, der Gewaltige, siegte und sagte: »Besser
der Tod, als ein Leben in Unwissenheit, lieber auf
dem Schlachtfelde sterben, als ein Leben der Ernie-
drigung zu leben.« Dies ist die Grundlage der Religion; wer diesen Standpunkt einnimmt, ist auf dem
Wege zur Wahrheit, auf dem Wege zu Gott. Der
erste Antrieb, um religiös zu werden, ist jene Ent-
schlußkraft, die sagt: Ich selbst will mir einen Weg
bahnen; ich will die Wahrheit kennen oder mein
Leben dahingeben beim Versuche, sie kennen zu
lernen, denn hier gibt es nichts Beständiges, alles
vergeht und zerrinnt in einem Tage. Der schöne,
hoffnungsvolle Jüngling von heute ist der alte aus-
gediente Mann von morgen. Hoffnungen, Freuden
und Genüsse sterben gleich Blumen im Frost. Das
ist die eine Seite. Auf der anderen Seite finden wir
die Freude des Überwindens, den Sieg über das Elend
des Lebens, den Sieg über das Leben selbst und die
Eroberung des Weltalls. Hier können Menschen aufrecht stehen. Deshalb ist der auf dem rechten Pfade,
der es wagt für den Sieg, für die Wahrheit, für Religion zu kämpfen, und dies predigen die Veden:
»Verzweifle nicht; schmal wie des Messers Schneide
ist der Pfad, hart ist er und gar schwer zu wandeln.
Und doch verzweifle nicht; erwache, erhebe dich
und erreiche das Ziel, das Ideal *.«

* Nach Katha Upanischad.

Die mannigfaltigen Kundgebungen der Religion, in welcher Form und Gestalt sie auch immer vor der Menschheit erschienen sind, besitzen diese gemeinsame Grundlage: sie verkünden die Freiheit und predigen den Ausweg aus dieser Welt. Sie erschienen nicht, um die Welt und die Religion zu versöhnen, sondern sie durchschnitten den gordischen Knoten und gründeten Religion auf ihrem eigenen Ideal, ohne Kompromiß mit der Welt. Diesen Grundsatz verkünden alle Religionen, und es ist die Aufgabe des Vedanta, all jene Bestrebungen in Einklang zu bringen und die allen Religionen, der höchsten wie der primitivsten, gemeinsame Grundlage sichtbar zu machen. Der sogenannte dümmste Aberglaube und die sogenannte höchste Philosophie haben ein gemeinsames Bestreben, weil beide den Versuch machen, einen Ausweg aus derselben Schwierigkeit zu finden. Meistens wird der Ausweg gesucht, indem man die Hilfe eines Wesens in Anspruch nimmt, das von den Naturgesetzen nicht gebunden, also frei ist. Die zugrunde liegende Idee ist überall die gleiche, trotz aller Meinungsverschiedenheiten über das Wesen dieser einen, ungebundenen Kraft, ob sie nun als persönlicher Gott, als ein empfindendes, menschenähnliches Wesen, als männlich, weiblich oder sächlich dargestellt wird. Trotz der beinahe hoffnungslosen Widersprüche der verschiedenen Systeme durchzieht sie alle der goldene Faden der Einheit, und die Vedanta Philosophie verfolgt die Spur dieses gol-

denen Fadens und macht ihn langsam und allmählich sichtbar. Und der erste Schritt hierzu ist die Erkenntnis: die gemeinsame Grundlage aller Religionen ist das Streben nach der Freiheit.

Es ist eine bemerkenswerte Tatsache, daß wir in-
mitten all unserer Freuden und Leiden, unserer
Schwierigkeiten und Kämpfe mit Gewißheit der
Freiheit zustreben. Praktisch stellt sich die Frage:
»Was ist dieses Weltall? Woraus entsteht es und
wohin geht es?« Und die Antwort lautet: »Aus der
Freiheit entsteht es, in Freiheit besteht es und in der
Freiheit vergeht es *.« Wir können diese Idee der
Freiheit nicht aufgeben; jede Tätigkeit, ja das Leben
selbst ist ohne sie unmöglich. Jeden Augenblick
beweist uns die Natur, daß wir Sklaven sind und
nicht frei; bei jedem Schritte schlägt uns Maya gewissermaßen zu Boden und läßt uns unsere Fesseln
fühlen. Aber im Augenblicke da wir den Schlag erhalten, da wir das Gebundensein spüren, sagt uns
ein anderes Gefühl, eine innere Stimme: wir sind
frei! Und trotz der fast unüberwindlichen Schwierigkeiten, die sich uns entgegenstellen, wenn wir versuchen, diese Freiheit zu verwirklichen, sie zu manifestieren, sagt uns diese innere Stimme: »Ich bin
frei, ich bin frei!« Und in den verschiedenen Weltreligionen ist dieser Gedanke zum Ausdruck gebracht. Nicht nur Religion — wir dürfen dieses Wort
nicht in seinem beschränkten Sinne auffassen —

* Taittiriya-Upanischad.

sondern auch das ganze Leben der Gesellschaft und alle Handlungen sind eine Behauptung dieses Prinzips der Freiheit. Jeder Mensch, ob er es weiß oder nicht, hat schon jene Stimme vernommen, die da sagt: »Kommt her zu Mir alle, die ihr mühselig und beladen seid.« Vielleicht in der oder in jener Sprache, vielleicht so oder anders ausgedrückt, aber in irgend einer Form hat diese Stimme, die nach Freiheit ruft, uns begleitet. Ja, um ihretwillen sind wir hier geboren, um ihretwillen sind wir hier tätig. Alle streben wir dieser Freiheit zu, alle folgen wir dieser Stimme, wir mögen es wissen oder nicht. Wie die Kinder aus jenem Dorfe, durch die Musik angezogen, dem Flötenspieler folgten, so folgen wir der Musik dieser Stimme, ohne es zu wissen.

Wir sind ethisch, wenn wir dieser Stimme folgen. Nicht nur die menschliche Seele, sondern alle Geschöpfe, vom niedrigsten bis zum höchsten, drängen vorwärts, um ihrem Rufe zu folgen, und in diesem Kampfe schließen sie sich entweder zusammen, oder sie stoßen sich gegenseitig aus dem Wege. Daraus entstehen Gegnerschaften, Freuden, Kämpfe, Leben, Lust und Tod, und das ganze Weltall ist nichts als das Ergebnis dieses rasenden Ringens, um diese Stimme zu erreichen. Das ist die Kundgebung der Natur.

Und was geschieht dann? Sobald man die Stimme erkennt und weiß, was sie bedeutet, verändert sich das ganze Weltbild. Dieselbe Welt, die innerhalb

Mayas einem grauenhaften Schlachtfelde gleicht,
wird gut und schön. Wir werden die Natur nicht
mehr verwünschen und nicht mehr behaupten, die
Welt sei schrecklich und alles sei vergebens; alles
Weinen und Wehklagen hat ein Ende. Sobald wir
die Stimme verstehen, sehen wir den Grund für all
diesen Streit, diese Gegnerschaften, diese Schwierigkeiten, diese Grausamkeiten, diese kleinen Freuden
und Genüsse. Wir sehen, daß sie in der Natur der
Dinge liegen, weil es ohne sie unmöglich wäre, die
Stimme zu erreichen, der wir alle, bewußt oder unbewußt, zustreben. Alles menschliche Leben, alles was
Natur ist, kämpft um Erlangung der Freiheit. Die
Sonne bewegt sich diesem Ziele zu, und die Erde,
wenn sie sich um die Sonne dreht, und der Mond,
wenn er sich um die Erde dreht. Die Planeten steuern
diesem Ziele zu und die Luft weht ihm zu; alles
ringt, um es zu erreichen. Der Heilige folgt jener
Stimme, er kann nicht anders und verdient keine
Lobpreisungen dafür; und der Sünder folgt ihr. Der
Wohltätige geht ihr nach, nichts kann ihn daran
hindern; und der Geizige geht dem gleichen Ziele
entgegen. Der Tätige, der gute Werke vollbringt,
hört die Stimme in seinem Inneren und kann ihr
nicht widerstehen, er muß der Stimme nachgehen,
und ebenso der größte Müßiggänger. Der eine strauchelt öfters als der andere, und wer häufig strauchelt, den nennen wir schlecht, und wer selten
strauchelt, den nennen wir gut. Gut und schlecht

sind nicht zwei verschiedene Dinge, sie sind ein und dasselbe, verschieden wohl im Grade, aber nicht in der Art.

Wenn also die Kundgebung dieser Macht der Freiheit tatsächlich das ganze Weltall beherrscht, und wenn wir das auf unser besonderes Studiengebiet der Religion anwenden, so finden wir jene Idee von Anfang bis zum Ende vorherrschend. In den primitivsten Religionsformen werden die verstorbenen Ahnen oder gewisse mächtige und grausame Götter verehrt. Die ausschlaggebende Vorstellung über diese Götter und verstorbenen Ahnen war ihre Ungebundenheit gegenüber der Natur. Zweifellos hatte jener Anbeter eine sehr beschränkte Vorstellung von der Natur. Er selbst konnte durch keine Wand hindurchgehen oder in den Himmel fliegen, aber die Götter, die er anbetete, waren dazu imstande. Philosophisch ausgedrückt bedeutet es das Bewußtsein, jener Freiheit teilhaftig zu sein; die Götter, die man verehrte, waren der Natur, soweit man sie kannte, überlegen. Ebenso verhält es sich bei der Anbetung noch höherer Wesen, denn mit der Erweiterung des Naturbegriffs erweitert sich auch die Vorstellung der Seele, die über der Natur steht, bis wir zum sogenannten Monotheismus kommen. Dieser vertritt die Idee der Maya (Natur) und einem Wesen, das der Herrscher dieser Maya ist.

Vedanta beginnt da, wo solche monotheistische Vorstellungen zuerst in Erscheinung treten. Aber die

Vedanta Philosophie hält eine weitere Erklärung für
notwendig. Jene Erklärung, es gebe ein Wesen jenseits aller Kundgebungen der Maya, von Maya unabhängig und über sie erhaben, welches alles an sich
zieht und dem alles zustrebt, ist sehr gut, sagt Vedanta. Diese Vorstellung widerspricht nicht der Vernunft, aber sie ist trotzdem noch undeutlich und
verschwommen. Die Worte des Psalms: »Näher mein
Gott zu Dir«, könnten auch die Worte des Vedantisten sein, nur würde er ein Wort verändern und
daraus machen: »Näher mein Gott zu mir«. Die Vorstellung, das Ziel sei weit entfernt, irgendwo jenseits
der Natur und uns alle an sich ziehend, muß sich
wandeln, indem das Ziel nahe und näher gebracht
wird, ohne es deshalb zu erniedrigen oder zu ent-
würdigen. Der Gott im Himmel wird zum Gott in
der Natur, und der Gott in der Natur wird zum
Gotte, der die Natur ist, und der Gott, der die Natur
ist, wird zum Gotte im Tempel des Körpers, und der
Gott, der im Tempel des Körpers wohnt, wird
schließlich zum Tempel selbst, wird zur Seele und
zum Menschen — und hier kommen wir zum letzten
Worte, das gelehrt werden kann. Er, den die Weisen
überall gesucht haben, wohnt in unserem eigenen
Herzen. Die Stimme, die wir vernommen haben, war
richtig, sagt Vedanta, aber die Richtung, aus der wir
sie zu vernehmen glaubten, war falsch. Jenes Ideal
der Freiheit, das wir wahrnahmen, war richtig, aber
wir suchten es irgendwo draußen, und das war der

Irrtum. Wir müssen es näher und näher bringen bis
wir herausfinden, daß es die ganze Zeit in uns war,
es war das Selbst unseres eigenen Selbst. Jene Freiheit war unser eigenes Wesen, und diese Maya konnte
uns nimmermehr binden. Die Natur hat keine Macht
über uns. Wie ein furchtsames Kind träumten wir,
daß sie uns würgte, und unser Ziel ist, von dieser
Furcht befreit zu werden. Wir müssen dies nicht
nur mit dem Verstande begreifen, sondern müssen es
an uns erfahren und es mit mehr Entschiedenheit
wahrnehmen als diese Welt. Dann erst werden wir
wissen, daß wir frei sind; dann und nur dann werden wir alle Schwierigkeiten und die Angst in unserem Herzen überwinden; alles Krumme wird gerade
sein und das Blendwerk der Vielfältigkeit und der
Natur wird verschwinden. Maya, statt eines furcht-
baren und hoffnungslosen Traumes wird schön, diese
Erde, statt eines Gefängnisses wird unser Spielplatz,
und Gefahren und Hindernisse, ja sogar alle Leiden
werden vergöttlicht sein. Sie werden sich uns in
ihrem wahren Wesen enthüllen und uns zeigen:
hinter allem, als das Wesen aller Dinge, steht Er.
Und Er ist das einzige, das wahre Selbst.

DAS ABSOLUTE UND DIE MANIFESTATION

Eine der schwierigsten Fragen im Bereiche der Advaita Philosophie, die immer wieder gestellt wird, ist: wie ist das Absolute, das Unendliche zum Endlichen geworden? Um diese Frage zu erörtern, bedarf es einer Illustration, wozu beistehende Figur dienen soll.

a) Das Absolute
c) Zeit Raum Kausalität
b) Das Universum

Wir haben das Absolute (a) und das Universum (b). Das Absolute ist zum Universum geworden. Darunter ist nicht nur die materielle Welt zu ver-

stehen, sondern auch die Welt der Sinne, der Gedanken und Gefühle, die geistige Welt: Himmel und
Erde, kurz, alles, was existiert. Sinne, Verstand und
Gemüt sind Namen für etwas, das sich verändert,
und Körper ist der Name für etwas anderes Verän-
derliches, und aus lauter solchen veränderlichen
Dingen ist das Weltall zusammengesetzt. Dieses Absolute (a) ist zum Universum (b) geworden, indem
es durch Zeit, Raum und Kausalität hindurch ging.
Diese Idee ist der Mittelpunkt der Advaita Philosophie. Zeit, Raum und Kausalität sind wie eine
Brille, durch die das Absolute gesehen wird, und
wenn man es auf der unteren Seite unserer Figur
sieht, dann erscheint es als das Universum. Hieraus
folgt unmittelbar, daß es im Absoluten weder Zeit,
noch Raum, noch Kausalität geben kann. Wo weder
Verstand noch Gedanken sind, kann es keine Vorstellung von Zeit geben, und wo es keine äußere Veränderung gibt, kann die Vorstellung von Raum nicht
aufkommen. Was wir Bewegung und Kausalität nennen, kann nicht existieren, wo nur ein Einziges ist.

Wir müssen uns scharf einprägen, daß das, was
wir Kausalität nennen, erst nach der Degeneration
— (wenn wir es so nennen dürfen) — des Absoluten
in die Erscheinungswelt beginnt, und nicht vorher;
daß unser Wille, unsere Begehren und all diese Dinge
immer erst *nachher* entstehen. Schopenhauers Philosophie begeht einen Irrtum in der Auslegung von Vedanta, denn sie macht den Versuch, den Willen für

alles zu setzen, auch für das Absolute. Aber das
Absolute kann nicht als Wille dargestellt werden,
denn Wille ist eine Erscheinung und ist veränderlich;
jedoch oberhalb der Linie des Abschnittes Zeit,
Raum und Kausalität gibt es keine Veränderung und
keine Bewegung; erst unterhalb dieser Linie beginnt
äußere Bewegung und innere Bewegung, Denken
genannt. Im oberen Abschnitt unserer Figur kann es
keinen Willen geben, und deshalb kann nicht der
Wille die Ursache der Welt sein. Wenn wir die Sache
näher betrachten, so werden wir finden, daß in unserem eigenen Körper nicht Wille die Ursache aller
Bewegung ist. Wenn man einen Stuhl bewegt, so ist
der Wille die Ursache dieser Bewegung. Jedoch bewegt dieselbe Kraft, die den Stuhl bewegt, das Herz,
die Lunge und so fort, ohne den Willen. Angenommen, die Kraft ist dieselbe, so wird sie erst dann
zum Willen, wenn sie sich auf die Bewußtseins-Ebene
begibt, und sie Wille zu nennen, bevor sie diese
Ebene erreicht hat, ist falsch. Daraus entsteht ein
großer Teil der Verwirrung in Schopenhauers Philosophie.

Wenn ein Stein fällt, fragen wir, warum. Diese
Frage ist nur unter der Voraussetzung möglich, daß
nichts ohne eine Ursache geschieht. Wenn immer wir
fragen, *warum* sich etwas ereignet, so nehmen wir
als selbstverständlich an, daß dem Ereignis etwas
vorhergegangen sein mußte, das als Ursache wirkte.
Dieses Vorhergehen und Nachfolgen nennt man das

Kausalitätsgesetz, das demnach besagt, alles im Weltall ist abwechselnd Ursache und Wirkung. Etwas ist die Ursache gewisser Dinge, die ihr nachfolgen, und diese wiederum sind die Wirkung von etwas, das ihnen voranging. Dieses Kausalitätsgesetz stellt eine notwendige Bedingung unseres Denkens dar.

Wir glauben, daß alle Teile des Weltalls, welcher Art sie auch sein mögen, in gegenseitiger Beziehung stehen. Man hat über die Entstehung einer solchen Idee viel diskutiert. In Europa waren einige intuitive Philosophen der Meinung, sie sei ein Teil der menschlichen Veranlagung, während andere glaubten, sie sei durch Erfahrung entstanden; eine endgültige Antwort wurde bis heute nicht erteilt. Wir werden später sehen, was Vedanta dazu zu sagen hat, aber zuerst müssen wir verstehen, wie die Frage »warum« notwendigerweise voraussetzt, daß allem was uns umgibt, etwas anderes vorausgegangen ist und daß ihm etwas anderes nachfolgen muß. Das bedeutet: nichts im Weltall kann unabhängig sein; auf alles wird von außenher eingewirkt; wechselseitige Abhängigkeit ist das Gesetz des Weltalls.

Es wäre aber ein fundamentaler Irrtum, zu fragen, wodurch das Absolute verursacht wurde. Diese Frage würde voraussetzen, auch das Absolute sei an irgend etwas gebunden, wäre von irgend etwas abhängig, und durch eine solche Annahme würden wir das Absolute auf die Ebene des Universums herabziehen. Im Absoluten gibt es weder Zeit, noch Raum, noch

Kausalität, denn es ist ein Einziges. Was durch sich allein und unabhängig existiert, kann nicht verursacht sein. Was frei ist, kann keine Ursache haben, weil es sonst nicht frei, sondern gebunden wäre, und das Relative kann nicht frei sein. Wir sehen also, schon die Frage, wieso das Unendliche zum Endlichen wurde, ist unhaltbar, und ein Widerspruch in sich selbst.

Lassen wir die Feinheiten beiseite und versuchen wir, logisch und mit gesundem Menschenverstand das Problem zu betrachten, wie das Absolute zum Relativen geworden ist, dann werden wir die Sache von einer anderen Seite sehen. Nehmen wir an, wir wüßten die Antwort, würde dann das Absolute das Absolute bleiben? Es wäre zum Relativen geworden! Was verstehen wir denn unter Wissen in unserer gewöhnlichen Vorstellung? Was innerhalb des Bereiches unseres Verstandes liegt, *wissen* wir; und was jenseits dieses Bereiches liegt, nennen wir nicht Wissen. Wenn das Absolute von unserem Verstande begriffen werden kann, dann ist es von ihm begrenzt und nicht mehr das Absolute; es wäre endlich geworden. Alles was innerhalb der Grenzen unseres Verstandes liegt, wird endlich. Deshalb, »das Absolute zu kennen«, wäre wiederum ein Widerspruch in sich. Darum konnte diese Frage niemals beantwortet werden; denn würde sie beantwortet, dann gäbe es kein Absolutes mehr. Ein Gott, den man kennt, ist nicht mehr Gott. Er ist endlich geworden wie einer von uns. Man kann Ihn nicht kennen. Er ist stets der Eine, Ewig-Unbekannte.

Advaita sagt, daß Gott mehr sei als erkennbar. Dies ist eine grandiose Tatsache. Man muß sich nicht mit dem Gedanken abfinden, man könne Gott nicht kennen im Sinne der Agnostiker. Zum Beispiel, hier ist ein Gegenstand; er ist uns als Stuhl bekannt. Was jedoch jenseits des Äthers ist und ob dort Leute wohnen, ist uns unbekannt. In diesem Sinne kann Gott weder bekannt noch unbekannt sein. Er ist etwas viel Höheres als bekannt; das ist gemeint, wenn man sagt, Gott sei unbekannt und unerkennbar. Der Ausdruck ist nicht in dem Sinne gebraucht, in dem man etwa von einer Sache sagen mag, man kenne sie nicht und könne sie nicht kennen. Man kann Gott viel mehr als nur kennen. Diesen Stuhl kennen wir als solchen; aber mit Gott ist es etwas, das viel intensiver ist als kennen, denn nur in Ihm und durch Ihn erkennen wir den Stuhl als Stuhl. Er ist der Zeuge, der Ewige Zeuge aller Kenntnis. Was immer wir kennen, müssen wir in Ihm und durch Ihn kennen. Er ist der Wesenskern unseres eigenen Selbst; Er ist das Wesen unseres Ich, das *wahre* Ich, und wir können nichts kennen und wissen als durch dieses Ich und in diesem Ich. Deshalb kennen wir alles in und durch Brahman. Um einen Stuhl zu erkennen, hat man ihn in und durch Gott zu erkennen. So ist uns Gott unendlich viel näher als der Stuhl, aber Er ist unendlich viel erhabener. Weder bekannt noch

unbekannt, sondern etwas, das unendlich viel höher
ist als beides. Er ist unser Selbst. »Wer würde eine
Sekunde leben, wer eine Sekunde atmen in diesem
Weltall, wenn es nicht das gesegnete *Eine* erfüllte *?«
Weil wir in Ihm und durch Ihn atmen, sind wir in
Ihm und durch Ihn. Nicht, daß Er irgendwo stünde
und unser Blut kreisen ließe. Nein, Er ist das Wesen
von allem diesen, Er ist die Seele unserer Seele. Man
kann unmöglich sagen, man kenne Ihn, das hieße
Ihn erniedrigen. Man kann nicht aus sich selbst
heraus, deshalb kann man Ihn nicht kennen. Kenntnis ist vergegenständlichen. Man vergegenständlicht
zum Beispiel viele Dinge im Gedächtnis und verlegt
sie von sich nach außen. Alle Erinnerung, alles was
der Mensch gesehen hat und was er weiß, bleibt ihm
erhalten. Die Bilder, die Eindrücke all dieser Dinge
haben sich ihm eingeprägt, und wenn er den Versuch
macht, an sie zu denken, sie zu wissen, so würde der
erste Akt des Wissens der sein, sie nach außen zu
verlegen. Mit Gott kann man das nicht tun, denn Er
ist der Wesenskern unserer Seele; man kann Ihn
nicht nach außen verlegen. Hier ist eine der tiefsten
Stellen des Vedanta: »Er, der das Wesen deiner Seele
ist; Er ist die Wahrheit; Er ist das Selbst; und Das,
o Shvetaketu, DAS bist du **!« Das ist gemeint mit:
»Du bist Gott«. Man kann Ihn nicht anders beschreiben. Alle Versuche der Sprache, Ihn zu benennen,

* Taittiriya-Upanischad.
** Chandogya-Upanischad.

Vater, oder Bruder, oder unser liebster Freund, sind
Versuche, Gott zum Objekt zu machen; man kann
Ihn nicht zum Objekt machen. Er ist das Ewige
Subjekt aller Dinge. Wie wir das Subjekt eines Stuhles sind, den wir sehen, so ist Gott das Ewige Subjekt
unserer Seele. Wie kann man Ihn zum Objekt
machen, Ihn, das Wesen unserer Seele, die Wirklichkeit in allen Dingen?

Wir wiederholen es noch einmal: Gott ist weder
bekannt, noch unbekannt, sondern etwas viel Höheres. Er ist *eins* mit uns, und das, was eins mit uns ist,
kann weder bekannt noch unbekannt sein, weil es
unser eigenes Selbst ist. Man kann sein eigenes Selbst
nicht kennen, man kann es nicht aus sich heraus-
stellen und zu einem Objekt der Anschauung machen, weil wir es *sind* und uns nicht davon abson-
dern können. Aber man kann auch nicht sagen, daß
wir es nicht kennen, denn was kennen wir besser als
unser eigenes Selbst, das Zentrum all unserer Kenntnis? In genau dem gleichen Sinne ist Gott weder
bekannt, noch unbekannt, sondern unendlich viel
mehr als beides: Er ist unser wahres Selbst.

Nun erhebt sich die weitere Frage: was sind Zeit,
Raum und Kausalität? Die Zentralidee der Advaita
Philosophie ist die Einheit. Advaita bedeutet Nicht-
Zweiheit. Es gibt nicht zwei, sondern nur eines.
Unsere Annahme war, das Absolute trete durch den
Schleier von Zeit, Raum und Kausalität als Vielheit
in Erscheinung; diese Annahme würde jedoch für

zwei sprechen, nämlich das Absolute und Maya (die
Gesamtsumme von Zeit, Raum und Kausalität). Hier-
auf erwidert der Advaitist: zwei können nur durch
zwei unbedingte, unabhängige Existenzen dargestellt
werden. Zeit, Raum und Kausalität aber kann man
nicht als unabhängige Existenzen betrachten. Zeit
ist eine völlig abhängige Existenz, die sich jeweils
gemäß unserem Bewußtseins-Zustande verändert. Im
Traume bildet man sich bisweilen ein, mehrere Jahre
gelebt zu haben, oder mehrere Monate vergehen wie
eine Sekunde. Zeit ist also gänzlich von unserem Bewußtseins-Zustande abhängig, und es kann sogar geschehen, daß jede Vorstellung von Zeit verschwindet.
Das gleiche gilt vom Raume. Wir können nicht wissen, was Raum ist, und trotzdem ist er da, undefinier-
bar, und kann nicht gesondert von irgend etwas
anderem existieren. Dies trifft auch auf die Kausalität zu.

Zeit, Raum und Kausalität besitzen die bemerkenswerte Eigenschaft, abgesondert von anderen
Dingen nicht existieren zu können. Wir können uns
Raum ohne Farbe oder ohne Schranken oder ohne
Beziehung zu einer Umgebung — abstrakten Raum
— nicht vorstellen; wir müssen uns ihn als den Raum
zwischen zwei Grenzen vorstellen, er muß irgendeine
Beziehung zu einem Gegenstande haben, um existieren zu können. Auch von der Zeit kann man sich
keine abstrakte Vorstellung bilden, sondern kann sie
nur zwischen einem vorhergehenden und einem nach-

folgenden Ereignis wahrnehmen, die man durch die
Vorstellung der Folge verbinden muß. Und die Idee
der Kausalität ist von Zeit und Raum nicht trennbar.
Sie haben keine unabhängige Existenz, nicht einmal
die eines Stuhles oder einer Wand; sie sind gleich
unfaßbaren Schatten, die allem anhaften. Sie haben
kein wirkliches Dasein, und trotzdem kann man
nicht behaupten, sie seien nicht da, denn durch sie
tritt alles als dieses Universum in Erscheinung.

Wir finden also, daß diese Kombination von Zeit,
Raum und Kausalität weder existiert, noch nicht
existiert, ja, sie verschwindet bisweilen völlig. Folgendes Bild wird dies veranschaulichen. Stellen wir
uns eine Welle auf dem Ozean vor; sie ist ohne Zweifel dasselbe wie der Ozean, und doch kennen wir sie
als Welle, und als solche ist sie vom Ozean verschieden. Was ruft den Unterschied hervor? Der Name
und die Form, das heißt, die dem Menschen eigentümliche Art der Anschauung. Wir können uns keine
Wellenform getrennt vom Ozean vorstellen, sie ist
immer mit der Idee Ozean verbunden. Sobald die
Welle verschwindet, verschwindet auch die Form,
und doch war die Form keine Täuschung. Solange
die Welle existierte, war auch die Form vorhanden
und wir mußten sie sehen. Das ist Maya.

Die Gesamtheit dieses Universums ist deshalb
gleichsam eine besondere Form. Das Absolute ist der
Ozean, während wir und die Sonnen und die Sterne
und alles übrige verschiedene Wellen auf diesem

Ozean sind. Und was die Wellen unterschiedlich
macht, ist nur die Form, und diese Form ist Zeit,
Raum und Kausalität, alle völlig abhängig von der
Welle. Sobald die Welle verschwindet, verschwinden
auch sie. Sobald der Mensch Maya aufgibt, existiert
sie nicht mehr für ihn, und er wird frei. Das ganze
Ringen geht darum, das Sichanklammern an Zeit,
Raum und Kausalität aufzugeben. Sie sind die Hindernisse auf unserem Wege.

Welches sind die beiden Faktoren, die in der
Entwicklungstheorie wirksam sind? Eine gewaltige,
potentielle Macht, die sich auszudrücken versucht,
und Umstände, die sie niederhalten, eine Umgebung,
die ihr nicht gestattet, sich auszudrücken. Um diese
Widerstände zu bekämpfen, verkörpert sich die
Macht immer wieder von neuem. Im Verlaufe des
Kampfes nimmt die Amöbe einen Körper nach dem
anderen an, um eine Reihe von Hindernissen zu überwinden, bis sie zum Menschen wird. Wenn wir diesen
Gedanken logisch zu Ende denken, dann muß eine
Zeit kommen, da jene Kraft, die in der Amöbe war
und sich zum Menschen entwickelte, alle Hemmnisse,
die ihr die Natur entgegenstellen kann, überwunden
haben wird. Auf diese Art entzieht sie sich allen umgebenden Einflüssen.

Metaphysisch ausgedrückt wird diese Idee fol-
gende Gestalt annehmen: bei jeder Handlung haben
wir zwei Komponenten, Subjekt und Objekt, und es
ist das Ziel des Lebens, das Subjekt zum Meister des

Objekts zu machen. Wenn wir uns zum Beispiel durch die Schmähungen eines anderen unglücklich fühlen, wird unser Bestreben sein, so stark zu werden, daß wir von unserer Umgebung unabhängig und von Schmähungen nicht berührt werden. Wir alle versuchen auf diese Weise, die Umstände zu meistern. Was versteht man unter Moral? Das Subjekt zu erstarken, indem es sich auf das Absolute einstimmt, so daß die endliche Natur aufhört, es zu beherrschen. Der logische Schluß unserer Philosophie ist: es muß eine Zeit kommen, da wir alles, was uns umgibt, überwunden haben werden, denn die Natur ist begrenzt.

Woher wissen wir, daß die Natur begrenzt ist? Man kann es nur durch Metaphysik erfahren. Natur ist das Unendliche, das Beschränkungen unterworfen ist, und deshalb ist sie endlich. Es muß also eine Zeit kommen, da wir unsere Umgebung überwunden haben werden. Wie geschieht das? Es ist natürlich unmöglich, die Herrschaft über alle uns umgebenden Gegenstände zu gewinnen. Wie macht es der kleine Fisch, der seinen Feinden im Wasser entrinnen möchte? Er entwickelt Flügel und wird ein Vogel; er verändert weder das Wasser noch die Luft, sondern die Verwandlung findet in ihm statt. Wenn wir den Entwicklungsprozeß verfolgen, so finden wir, daß die Überwindung der Natur immer durch Verwandlung im Subjekt erfolgt; die Veränderung ist stets subjektiv. Wenden wir dies auf Religion und

Moral an, so sehen wir, daß die Überwindung des
Übels einzig und allein durch Wandlung im Subjekt
erreicht werden kann. Das Advaita System ist auf
dieser subjektiven Seite des Menschen aufgebaut,
und aus dieser Quelle empfängt es seine ganze Kraft.
Es ist Unsinn, von Elend und Kummer zu reden, weil
sie außerhalb von uns gar nicht existieren. Wer für
Zorn unempfänglich ist, wird nie zornig werden, und
wer gegen allen Haß gefeit ist, wird keinen Haß
empfinden. Der Sieg über die Natur ist also nur
durch Vervollkommnung des Subjekts möglich.

Die einzige Religion, die sowohl auf dem Gebiete
der Physik, als auch auf dem der Moral mit der
modernen Forschung übereinstimmt und bisweilen
sogar noch über sie hinausgeht, ist Advaita. Deshalb
übt sie so viel Anziehungskraft auf die modernen
Wissenschafter aus, welche die alten dualistischen
Theorien ungenügend und nicht den modernen Not-
wendigkeiten entsprechend finden. Glaube allein genügt nicht, auch intellektueller Glaube muß vorhanden sein. Es ist ein Zeichen von Schwäche, wenn am
Ende des neunzehnten Jahrhunderts noch die Vorstellung besteht, eine Religion müsse falsch sein, weil
sie aus einer anderen Quelle fließt als der eigenen,
ererbten Religion. Solche Vorstellungen sollten verschwinden, und zwar nicht nur in diesem Lande,
sondern in allen Ländern, und nirgendwo mehr als
in Indien. Man hat Advaita niemals gestattet, populär zu werden. Erst legten einige Mönche Beschlag

darauf und schleppten es in die Wälder und daher
stammt der Name »Wald-Philosophie«. Durch des
Herrn Gnade erschien Buddha, predigte es den Massen, und das ganze Volk wurde buddhistisch. Lange
nachher, als Agnostiker und Atheisten die Nation
neuerdings zu unterhöhlen begannen, wurde Indien
wiederum durch Advaita vom Materialismus gerettet.

Advaita hat also Indien zweimal vor dem Materialismus bewahrt. Vor dem Erscheinen Buddhas
hatte sich ein Materialismus ausgebreitet, viel schlim-
merer Art als er heute herrscht. Der Materialist
möchte uns glauben machen, es gebe nur *eine* Substanz, die er Materie nennt; in diesem Sinne sind
auch wir Materialisten, weil wir auch an das Eine
glauben, nur nennen wir es Gott. Der Materialist
glaubt, aus dieser Materie gehe alle Hoffnung, alle
Religion und alles übrige hervor, und *wir* sagen, es
geht aus Brahman hervor. Der Materialismus aber,
der vor Buddhas Erscheinen vorherrschte, war eine
ganz rohe Art von Materialismus, der lehrte: »Iß,
trink und sei fröhlich; es gibt weder Gott, noch
Seele, noch Himmel, und Religion ist eine Erfindung
verruchter Priester. Versuche glücklich zu leben, so
lange du lebst; iß, auch wenn du das Geld dafür
borgen mußt und mach' dir keine Sorgen wegen des
Zurückzahlens.« Das war die Moral jenes alten Materialismus, und diese Art der Philosophie fand eine
solche Verbreitung, daß man sie auch heute noch die
»populäre Philosophie« nennt. Buddha brachte Ve-

danta ans Licht, gab es dem Volke und rettete Indien. Tausend Jahre nach seinem Tode herrschte ein
ähnlicher Zustand. Die Massen und verschiedene
Völker waren zum Buddhismus bekehrt worden, aber
Buddhas Lehren gerieten infolge der Unwissenheit
der Massen in Verfall. Buddha lehrte keinen Gott,
keinen Beherrscher des Weltalls, und so holten die
Massen ihre Götter und Teufel und Kobolde hervor
und machten aus dem Buddhismus in Indien einen
unbeschreiblichen Wirrwarr. In Form von Zügel-
losigkeit bei den höheren und von Aberglauben bei
den niederen Klassen gewann der Materialismus
wiederum die Oberhand. Dann kam Shankaratscha-
rya und brachte Vedanta zu neuem Leben, indem er
es zu einer rationalistischen Philosophie gestaltete.
Während die Beweisführungen in den Upanischaden
häufig sehr undurchsichtig sind, betonte Buddha vor
allem die moralische Seite der Philosophie. Shankara
aber brachte deren intellektuelle Seite in den Vordergrund, arbeitete sie aus, stellte sie auf eine ratio-
nelle Basis und beschenkte die Menschheit mit dem
hervorragenden, zusammenhängenden System des
Advaita.

Materialismus ist auch heute wieder in Europa
vorherrschend. Wir mögen für das Heil der modernen Skeptiker beten, aber sie geben nicht nach in
ihrem Verlangen nach Vernunft. Die Rettung Europas hängt von einer rationalistischen Religion ab,
und Advaita — die Lehre der Nicht-Zweiheit, der

Einheit, der Idee des unpersönlichen Gottes — ist die einzige Religion, die bei intellektuellen Menschen Fuß fassen kann. Advaita erscheint immer dann, wenn Religion im Absterben und Irreligiosität vorzuherrschen scheint, und deshalb hat sie in Europa und Amerika Wurzeln geschlagen.

Noch etwas ist im Zusammenhang mit dieser Philosophie zu erwähnen. Die alten Upanischaden enthalten erhabene Dichtungen, ihre Verfasser waren Dichter. Plato sagt, die Eingebung komme zu den Menschen durch Dichtung. Es hat den Anschein, als ob diese ehrwürdigen Rischis, jene Seher der Wahrheit, über die Menschheit emporgehoben wurden, um jene Wahrheiten in poetischer Form zu verkünden. Sie predigten nicht, sie philosophierten nicht, sie schrieben nicht. Aus ihrem Herzen kam Musik. Buddha verkörperte das große, allumfassende Herz und die grenzenlose Geduld, die Religion im täglichen Leben anwendbar machte und sie zu jedermanns Tür brachte. Shankara stellte jene gewaltige intellektuelle Macht dar, die alles mit dem sengenden Lichte der Vernunft beschien. Was wir heute brauchen ist die helle Sonne dieser Intelligenz, verbunden mit dem Herzen Buddhas, dem wundervollen Herzen, erfüllt von unendlicher Liebe und Barmherzigkeit. Eine solche Verbindung würde die erhabenste Philosophie hervorbringen, in der sich Wissenschaft und Religion begegnen und die Hände reichen, und Dichtung und Philosophie zu Freunden werden. Dies wird die Religion der Zukunft sein, und wenn wir sie errichten können, wird sie dauern für alle Zeiten und für alle Völker. Kein anderer Weg ist für die moderne Wissenschaft gangbar, und sie hat ihn schon beinahe betreten.

Wenn der Wissenschafter behauptet, alles sei die Kundgebung einer einzigen Kraft, erinnert uns das nicht an den Gott, den uns die Upanischaden beschreiben?:

>So wie das Feuer, obgleich eines, Gestalt von
        allem annimmt, das es aufzehrt,
So nimmt das Selbst, ein Einziges, die Form von
        jedem Ding an, dem es innewohnt *.«

Ist es nicht offensichtlich, welchem Ziele die Wissenschaft zustrebt? Das Volk der Hindus ging vom Studium des Geistes aus, mittels Metaphysik und Logik. Die europäischen Völker gehen von der äußeren Natur aus, und sie kommen zu den gleichen Ergebnissen. Durch den Geist forschend, erreichen wir schließlich jene Einheit, jenes allumfassende Eine, die innere Seele, das Wesen und die Wirklichkeit aller Dinge, das Ewig-Freie, das Ewig-Glückselige, das Ewig-Seiende. Durch das Studium der materiellen Wissenschaften gelangen wir zu der gleichen Einheit. Die Wissenschafter erklären heute, alles sei die Kundgebung einer einzigen Kraft, welche die Gesamtsumme alles Bestehenden ist; die Menschheit gehe der Freiheit entgegen, und nicht der Knecht-

* Katha Upanischad.

schaft. Über Sittlichkeit führt der Weg zur Freiheit,
Sittenlosigkeit führt zur Knechtschaft. Warum sonst
sollte die Menschheit moralisch sein?

Weiterhin zeichnet sich das Advaita System
durch den Mut aus, zu verkünden: »Störe niemand
in seinem Glauben, auch nicht jene, die aus Unwissenheit primitiven Anbetungsformen huldigen.«
Störe niemand, sondern hilf jedem höher und höher
zu klimmen. Diese Philosophie predigt einen Gott,
der alles in sich schließt. Wenn wir nach einer allumfassenden Religion Ausschau halten, die von jedermann ausgeübt werden kann, dann darf eine
solche Religion nicht nur Teile enthalten, sondern
sie muß die Gesamtsumme aller Teile und alle
Abstufungen religiöser Entwicklung in sich vereinen.

Kein anderes Religionssystem kann dies von sich
sagen. Sie alle bestehen aus Teilen und sind gleichzeitig bestrebt, das Ganze zu erreichen. Advaita be-
fand sich niemals im Gegensatz zu den verschiedenen
in Indien bestehenden Sekten. Die Dualisten sind
auch heute noch am zahlreichsten in Indien vertreten, weil Dualismus den weniger Gebildeten am meisten zusagt. Er erklärt das Universum auf eine sehr
bequeme, natürliche und gemeinverständliche Weise.
Aber Advaita hat keinen Streit mit diesen Dualisten.
Der eine glaubt an Gott jenseits des Weltalls,
irgendwo im Himmel, und der andere glaubt an Ihn
als seine eigene Seele. Er würde es für eine Blasphe-
mie halten, an Ihn als weit weg zu denken; jeder

Gedanke von Trennung wäre ihm unerträglich. Er
ist der Allernächste, und in der Sprache läßt sich
diese Nähe durch kein anderes Wort ausdrücken als
durch das Wort Einheit. Für den Advaitisten ist jede
andere Vorstellung verfehlt, genau wie der Dualist
über die Auffassung des Advaitisten empört ist und
sie für Gotteslästerung ansieht. Aber der Advaitist
erkennt an: auch jene anderen Vorstellungen haben
ihre Daseinsberechtigung, und der Dualist ist auf
dem richtigen Wege. Er streitet nicht mit ihm, weil
er weiß, der Dualist muß von seinem Standpunkte
aus notwendigerweise die Vielheit wahrnehmen. Der
Advaitist läßt ihn auf diesem Standpunkte, weil der
Dualist, wie immer auch dessen Theorien lauten
mögen, dem gleichen Ziele entgegen geht. Hierin
freilich unterscheidet er sich völlig vom Dualisten,
den seine Auffassung dazu zwingt, alle abweichenden
Ansichten für falsch zu erklären.

Die Dualisten der ganzen Welt glauben natürlich
an einen persönlichen Gott, den sie sich als ein dem
Menschen ähnliches Wesen vorstellen, der — gleich
einem gewaltigen Machthaber in dieser Welt — dem
einen gewogen ist und einem anderen nicht. Will-
kürlich ist er einem Volke zugeneigt und überhäuft
es mit Segnungen. Natürlicherweise muß der Dualist
zu der Überzeugung kommen, Gott habe Günstlinge,
und er hofft, einer von ihnen zu sein. Fast jede Religion hegt diese Vorstellung: »Wir sind die Lieblinge
unseres Gottes, und nur wer unseren Glauben an-

nimmt, kann Seine Gunst erlangen.« Manche Dualisten meinen in ihrer Engherzigkeit, nur die wenigen von Gott Auserwählten könnten erlöst werden, während die übrigen trotz aller Versuche verworfen seien. Jede dualistische Religion ist auf diese Art mehr oder weniger engherzig, und es liegt daher in der Natur der Sache, daß sie sich gegenseitig bekämpfen müssen, was sie auch stets getan haben. Außerdem sind die Dualisten populär, weil sie sich an die Eitelkeit der ungebildeten Massen wenden, die sich darin gefallen, auf ihre ausschließlichen Vorrechte zu pochen. Der Dualist glaubt nicht an die Möglichkeit von Moral ohne einen Gott mit der Rute in der Hand, der stets bereit ist, zu strafen. Die gedankenlosen Massen sind gewöhnlich Dualisten, und da diese armen Menschen seit Jahrtausenden in allen Ländern verfolgt worden sind, ist ihre Erlösungsidee die Freiheit von der Furcht vor Strafe. Zum Erstaunen mancher Geistlicher im Westen haben wir keinen Teufel in unserer Religion. Aber wir halten das für das Beste, denn die größten Männer, die diese Welt gesehen hat, sind für jene erhabene, überpersönliche Idee eingetreten.

Die Macht desjenigen, der den Ausspruch tat: ›Ich und der Vater sind eins *‹, hat Millionen von Menschen beeinflußt und hat für Jahrtausende Gutes geschaffen. Er war ein Nicht-Dualist und war barmherzig zu seinen Mitmenschen. Den Massen, die

* Johannes X, 30.

nichts Höheres als einen persönlichen Gott begreifen
konnten, predigte er: »Ihr sollt euren Vater im Himmel preisen *«, während er anderen, die für höhere
Ideen empfänglich waren, sagte: »Ich bin der Wein-
stock, ihr seid die Reben **«. Aber seinen Schülern,
denen er sich ganz offenbarte, verkündete er die
höchste Wahrheit: »Ich und der Vater sind eins«.

Es war der große Buddha, der die dualistischen
Götter verwarf, und den man einen Atheisten und
Materialisten genannt hat, der bereit war, seinen Leib
für eine arme Ziege hinzugeben. Dieser Mann brachte
die höchsten sittlichen Ideen, die je ein Volk gekannt
hat, ins Leben zurück, und wo immer es ein Sitten-
gesetz gibt, ist es von seinem Lichte bestrahlt.

In einer Epoche der Menschheitsgeschichte, die
eine Höhe intellektueller Entwicklung erklommen
hat, wie man sie vor hundert Jahren nicht erträumen
konnte, und die einen wissenschaftlichen Fortschritt
gebracht hat, der vor fünfzig Jahren für unmöglich
gehalten wurde, kann man die Herzen der Welt nicht
in enge Schranken bannen. Wenn man versucht, die
Menschen in enge Grenzen zu verweisen, erniedrigt
man sie zu Tieren und gedankenlosen Massen und
tötet ihr sittliches Leben. Was wir heute brauchen,
ist das edelste Herz in Verbindung mit dem höchsten
Verstande, die grenzenlose Liebe in Verbindung mit
unendlicher Weisheit. Der Vedantist sagt, Gott ist

* Matthäus V, 16.
** Johannes XV, 5.

unendliches Sein, unendliches Wissen und unendliche
Glückseligkeit, und betrachtet diese drei als Eines.
Sein ohne Wissen und Liebe gibt es nicht; Wissen
ohne Liebe, und Liebe ohne Wissen gibt es nicht.
Unser Ziel ist die Harmonie von ewigem Sein, unend-
lichem Wissen und ewiger Glückseligkeit. Wir wol-
len Harmonie und nicht einseitige Entwicklung, den
Verstand eines Shankara mit dem Herzen eines
Buddha. Wollen wir uns alle bestreben, diese begna-
dete Verbindung zu verwirklichen.

GOTT IN ALLEM

Bereits früher war die Rede vom Leiden, das uns während des ganzen Lebens unausgesetzt verfolgt, und dem Elend, das uns heimsucht, mögen wir noch so sehr dagegen kämpfen. Seit Menschengedenken sind wir bemüht, unsere Lage zu verbessern, jedoch im Grunde hat sich nichts verändert. Wir entdecken neue Heilmittel, nur um von neuen und tückischeren Übeln befallen zu werden. Weiterhin haben wir festgestellt: sämtliche Religionen betrachten Gott als den einzigen Ausweg aus diesen Schwierigkeiten. Sie alle behaupten, daß wenn wir die Welt so nehmen wie sie ist — und praktische Leute von heute raten uns dies zu tun — sie uns nichts als Leid bringen wird. Ferner behaupten sie, daß jenseits dieser Welt etwas anderes existiere, und das Leben in den fünf Sinnen, in der materiellen Welt, nicht alles sei, sondern nur ein kleiner Ausschnitt, nur die Oberfläche. Dahinter und jenseits davon sei das Unendliche, wo es kein Böses gibt. Die einen nennen es Gott, andere Allah, wieder andere Jehovah und so fort. Der Vedantist nennt es Brahman.

Diese Ratschläge der Religion müßten uns eigentlich veranlassen, unserem Dasein ein Ende zu machen, denn auf die Frage, wie dem Leide im Leben abzuhelfen sei, wird scheinbar die Antwort erteilt, das Leben aufzugeben. Man wird an die alte Geschichte erinnert, in der ein Mann, in der Absicht ein Moskito zu töten, das sich seinem Freunde auf die Nase gesetzt hatte, einen so heftigen Schlag führte, daß er beide, Freund und Moskito, tötete. Das vorgeschlagene Heilmittel scheint von ähnlicher Wirkung zu sein. Niemand, der die Welt kennt, kann leugnen, daß sie mit Leid und Kummer angefüllt ist. Die Religionen behaupten nun, diese Welt sei nichts, aber jenseits von ihr sei etwas sehr Wirkliches. Hier liegt die Schwierigkeit, denn wie kann etwas, das alles zu verneinen scheint, ein Heilmittel sein? Wo ist der Ausweg?

Vedanta sagt, die Behauptungen der Religionen seien unbedingt wahr, wenn sie richtig verstanden werden. Aber sie werden mißverstanden, weil die Religionen sich häufig undeutlich ausdrücken. Die meisten Religionen wissen wohl, worum es sich handelt, aber sie alle scheinen in den gleichen Irrtum zu verfallen; sie lassen sich vom Herzen und den Gefühlen leiten. Was wir aber brauchen, ist die Verbindung von Kopf und Herz. Das Herz ist wahrhaft groß, und die erhabensten Eingebungen kommen vom Herzen. Es ist hundertmal besser, ein kleines Herz und kein Gehirn zu haben, als nur Gehirn und kein Herz. Für den, der Herz besitzt, ist Leben und Fortschritt möglich, aber wer kein Herz und nur Gehirn hat, verdorrt. Wer sich aber auf der anderen Seite ausschließlich von seinem Herzen leiten läßt,

wird oft zu Schaden kommen und viele Enttäuschun-
gen erleben. Wenn wir von einer Verbindung von Herz
und Verstand sprechen, so meinen wir damit nicht,
jemand solle sein Herz auf Kosten seines Verstandes
verleugnen oder umgekehrt, sondern jeder sollte unbegrenzte Liebe und unbegrenzte Vernunft besitzen.
Lassen wir sie uneingeschränkt, gleichsam in zwei
Parallelen, neben einander herlaufen, denn die Welt
ist unendlich und unsere Wünsche kennen keine
Grenzen.

Die Welt ist voll des Bösen; gib die Welt auf!
Dies ist die große und zweifellos die einzige Lehre.
Gib die Welt auf! Darüber kann es keine zwei Meinungen geben: Wer die Wahrheit verstehen will,
muß den Irrtum aufgeben; wer das Gute haben will,
muß das Böse lassen, und wer das Leben besitzen
will, muß dem Tode entrinnen. Aber was bleibt uns,
wenn wir das Leben der Sinne, das Leben, das wir
kennen, aufgeben sollen? Wir werden dies später besser verstehen, wenn wir zur Behandlung der philosophischen Teile des Vedanta übergehen. Wir wollen für den Augenblick nur feststellen: in Vedanta
allein finden wir eine vernünftige Lösung des Problems. Vedanta lehrt die Vergöttlichung der Welt.

Vedanta klagt die Welt nicht an. Das Ideal der
Entsagung erreicht nirgendwo eine solche Größe wie
in Vedanta; aber es bedeutet nicht etwa trockene
Selbstvernichtung, sondern sein wahrer Sinn ist die
Vergöttlichung der Welt; das heißt, wir sollen unsere

bisherige Vorstellung von der Welt aufgeben, die
Welt, wie wir sie kennen und wie sie uns erscheint
— um zu erfahren, was die Welt wirklich ist. Vergöttlicht sie, denn sie ist Gott allein. Eine der ältesten Upanischaden beginnt mit den Worten:

> »Im Herzen aller Dinge, in allem was die Welt
> erfüllt, da wohnt der Herr *.«

Wir müssen in allem den Herrn sehen, nicht
durch falschen Optimismus, nicht indem wir uns
dem Übel gegenüber blind stellen, sondern indem
wir wahrlich Gott in allem sehen. Auf diese Weise
sollen wir die Welt aufgeben, und wenn wir sie aufgegeben haben, was bleibt? Gott! Das heißt, daß wir
verheiratet sein können und trotzdem unser Weib
nicht verlassen brauchen; aber wir sollen Gott in
ihr sehen. Seine Kinder aufgeben heißt nicht, sie vor
die Türe setzen, wie manche Unmenschen in allen
Ländern es tun. Das ist unmenschlich, aber nicht
religiös. Nein, Gott sollen wir in unseren Kindern
sehen und in allem. In Leben und Tod, in Glück
und in Unglück ist der Herr gleich gegenwärtig; die
ganze Welt ist von Ihm erfüllt, öffne die Augen und
sieh Ihn. Das lehrt Vedanta. Gib die Welt deiner
Vorstellung auf, weil deine Vorstellung auf einer
Teilerfahrung, auf falschem Urteil und auf deiner
eigenen Schwäche aufgebaut war. Gib die Welt auf,
an die du so lange geglaubt, an die du dich so lange
geklammert hast, sie war falsch und von dir selbst

* Ischa-Upanischad.

erschaffen. Öffne die Augen und sieh, daß eine solche Welt niemals war, sie war ein Traum. Maya! Was wirklich war, ist der Herr selbst. Er ist es, der im Kinde und im Weibe und im Gatten ist; Er ist im Guten und Er ist im Schlechten, in der Sünde und im Sünder, im Leben und im Tod. Dies ist in der Tat eine erstaunliche Behauptung. Aber gerade dieses Thema will Vedanta anschaulich machen, lehren und verkünden.

Hier ist der Weg, den Gefahren und Leiden des Lebens zu entgehen. Begehre nichts! Begierde ist die Ursache aller unserer Leiden. Wir begehren etwas, unser Begehren bleibt unerfüllt, und das Ergebnis ist Leiden. Wo es keine Begierde gibt, kann es keine Leiden geben. Um Mißverständnissen vorzubeugen, wollen wir näher ausführen, was damit gemeint ist, das Begehren aufzugeben, um den Leiden zu entgehen. Die Wände haben keine Begierden und leiden nicht, aber sie entwickeln sich nicht; der Stuhl hat keine Begierden und leidet nicht, aber er bleibt immer ein Stuhl. Glück wie Unglück haben ihr Gutes; auch das Böse kann uns von Nutzen sein. Kennen wir nicht alle die große Lehre, die uns das Leid lehrt? Wir möchten gerne Hunderte von Dingen in unserem Leben ungeschehen machen, und doch waren gerade sie unsere besten Lehrmeister. Seien wir deshalb zufrieden, manches Gute und viel Schlechtes getan zu haben, denn jeder Fehler, den wir begingen, war uns eine Lehre. Was wir jetzt

sind, ist das Ergebnis all dessen, was wir früher getan und gedacht haben. Jeder Gedanke und jede Tat
hatten ihre Wirkung, und diese Wirkungen stellen
die Gesamtsumme unseres Fortschritts dar.

Wir verstehen alle, daß Begierden unrecht sind,
aber was ist mit dem Verlangen gemeint, sie aufzugeben? Wie sollten wir weiterleben? Ist es nicht der
gleiche selbstvernichtende Ratschlag, der die Begierde mit dem Menschen töten würde? Hier ist die
Lösung: Laßt uns alles besitzen, was wir wünschen,
und mehr, notwendige Gegenstände und Luxusgegen-
stände, aber laßt uns die Wahrheit erkennen und sie
verwirklichen, daß Reichtum niemandem gehören
kann. Gebt den Gedanken an Eigentum auf. Wir sind
niemand; alles gehört dem Herrn, und wie jenes
Anfangswort uns lehrte, müssen wir Ihn im Herzen
aller Dinge sehen. Gott ist im Wohlstand, dessen wir
uns erfreuen, im Begehren, das sich in unserem Herzen regt, in den Gegenständen, die wir erwerben,
um unsere Wünsche zu befriedigen. Er ist im hüb-
schen Kleid und im schönen Schmuck. Dies ist die
Richtung, die wir unseren Gedanken geben müssen,
und sobald wir die Dinge in diesem Lichte sehen,
wird sich alles vor unseren Augen verwandeln. Laßt
uns Gott in jede unserer Bewegungen, in unsere
Unterhaltungen, in unsere Gebräuche, kurz in alles
bringen, und das ganze Bild wird sich verändern,
und die Welt wird uns statt eines Ortes voller Kummer und Elend als ein Paradies erscheinen.

»Das Himmelreich ist inwendig in euch *«, sagt Jesus, und Vedanta und jeder große Lehrer sagt dasselbe. »Wer Ohren hat, der höre **«. Vedanta weist nach, daß die Wahrheit, nach der wir all diese Zeit über gesucht haben, gegenwärtig ist und immer in uns war. In unserer Unwissenheit glaubten wir, sie verloren zu haben und durchwanderten die Welt, klagend und weinend, um sie zu finden. Aber sie war von jeher in unserem eigenen Herzen, und dort allein können wir sie finden.

Wenn wir allerdings Weltentsagung im alten, rohen Sinne auffassen, dann würden wir statt zu arbeiten, unbeweglich bleiben gleich Erdklumpen, ohne zu denken und ohne tätig zu sein. Das Ergebnis wäre Fatalismus; wir würden von den Ereignissen und Naturgesetzen beherrscht und von Ort zu Ort getrieben. Das ist nicht gemeint. Wir müssen arbeiten. Die meisten Menschen, von falschen Begehren umhergetrieben, wissen ja nicht, was Arbeit ist. Was weiß ein Mensch von Arbeit, der von seinen Sinnen und Begierden gejagt wird? Nur der kann arbeiten, der nicht von Selbstsucht und Begierde getrieben wird, keine anderweitigen Beweggründe hat, und keinen Gewinn von seiner Arbeit erwartet.

Wer hat Freude an einem Bilde, der Verkäufer oder der Beschauer? Der Verkäufer ist mit seinen Berechnungen beschäftigt, wie groß sein Gewinn sein

* Lukas XVII, 21.
** Matthäus, XI, 15.

wird. Er beobachtet den Hammer und verfolgt das
Steigen der Angebote. Wer aber ohne Kaufs- oder
Verkaufsabsicht gekommen ist und sich das Gemälde ansieht, hat die reine Freude am Bilde. Diese
ganze Welt ist ein Gemälde; wenn die Begierden zum
Schweigen gebracht sind, werden sich die Menschen
an dieser Welt erfreuen und das Kaufen und Ver-
kaufen und jene närrischen Ideen von Besitz werden
ein Ende haben. Ohne die Wechsler, ohne die Käufer
und die Verkäufer ist diese Welt ein Gemälde, ein
wunderschönes Bild. Nie wurde ein Gottesbegriff
schöner beschrieben als in folgenden Worten: »Er
ist der erhabene Poet, der uralte Dichter; das ganze
Weltall ist Sein Gedicht, fließend in Versen, Reimen
und Rhythmen, verfaßt in unendlicher Glückseligkeit.« Wenn wir aufgehört haben zu begehren, dann
allein werden wir imstande sein, Gottes Weltall zu verstehen und uns daran zu erfreuen. Ecken und Winkel, Seitengassen und dunkle Höhlen, die wir für
finster und gottlos hielten, alles wird vergöttlicht
werden. Sie werden uns ihre wahre Natur enthüllen,
und wir werden über uns selbst lächeln und wissen,
all dieses Weinen und Wehklagen war nur ein kind-
liches Spiel, dem wir als Zuschauer beiwohnten.

Tu' deine Arbeit, sagt Vedanta. Erst wird uns ge-
zeigt, wie wir arbeiten sollen, nämlich indem wir auf
die Scheinwelt, auf die Welt der Täuschung verzichten und dafür Gott in allem sehen. Wir mögen ruhig
den Wunsch haben, hundert Jahre zu leben und alle

irdischen Dinge zu besitzen, nur vergöttlichen müssen wir sie, zum Himmel müssen wir sie verwandeln. Laßt uns den Wunsch hegen für ein langes Leben der Hilfsbereitschaft und der segensreichen Tätigkeit auf Erden. Dann werden wir den Ausweg finden, denn es gibt keinen anderen. Wenn wir uns aber kopfüber in den törichten Luxus der Welt stürzen, ohne die Wahrheit zu wissen, so müssen wir den Halt verlieren und können das Ziel nicht erreichen. Wer aber die Welt verflucht, sich in die Waldeinsamkeit zurückzieht, um sein Fleisch abzutöten und sich langsam und allmählich zu Tode zu hungern, der macht aus seinem Herzen eine unfruchtbare Öde, der tötet sein Gefühlsleben, und wird zu einem mürrischen, hartherzigen und ausgetrockneten Menschen; auch dieser hat den Weg verfehlt. Dies sind die beiden Extreme, die beiden sich diametral gegenüber stehenden Pfade, die beide das Ziel verfehlen.

Vedanta lehrt also, arbeite und sieh Gott in Allem, wisse, Er ist in Allem. Arbeite unausgesetzt, betrachte das Leben als etwas Göttliches, als Gott selbst und wisse, dies ist alles, was wir zu tun haben und wonach wir verlangen können. Gott ist in Allem, wo sonst sollten wir Ihn finden? Er ist in jeder Tat, in jedem Gedanken und in jedem Gefühl. Nur wenn wir dies verstehen und danach handeln, sind wir auf dem richtigen Wege, auf dem wir nicht zu Sklaven unserer Arbeit werden können. Wir sagten bereits, falsche Begierden seien die Ursache aller Not und

alles Elends, aber wenn wir sie vergöttlichen, durch
Gott läutern, dann können sie weder Not noch Elend
hervorbringen. Wer dieses Geheimnis nicht kennt,
wird in einer finsteren Welt zu leben haben, bis er es
entdeckt.

Die meisten von uns wissen nicht, daß sich eine
Quelle unendlicher Glückseligkeit in uns und um uns
und überall befindet. Wir haben sie noch nicht entdeckt. Was ist denn eine finstere Welt? Vedanta ant-
wortet: Unwissenheit. Wir sitzen an den Ufern des
mächtigsten Stromes und sterben vor Durst; wir
sitzen inmitten des größten Überflusses und sterben
vor Hunger. Wir leben im glückseligen Weltall und
finden es nicht, wir sind in ihm alle Zeit und miß-
verstehen es. Die Sehnsucht nach diesem seligen
Weltall erfüllt alle Herzen, alle Völker suchen danach, und es ist das Ziel aller Religionen, die uns den
Weg weisen wollen, es zu entdecken. Die verschiedenen Religionen sprechen von diesem Ideal in ver-
schiedenartigen Ausdrücken und in mancherlei Rede-
weisen, und das ruft die scheinbaren Unterschiede
hervor.

Allein es ist sehr leicht, zu reden. Von unserer
Kindheit an wurde uns gelehrt, man solle Gott in
allem und überall sehen, um die Welt wirklich schön
zu finden. Aber sobald wir mit der Welt in Berührung kommen und einige Stöße von ihr empfangen,
vergessen wir diese Lehre. Wir gehen spazieren und
denken darüber nach, wie Gott in jedem Menschen

ist, und da begegnen wir einem starken Mann, der
versetzt uns einen Stoß, und wir fallen zu Boden.
Rasch stehen wir auf, mit geballten Fäusten, das
Blut im Kopfe, die Überlegung ist dahin, alles ist
vergessen, wir sind zornig, und statt Gott sehen wir
den Teufel. Seit wir auf der Welt sind, hat man uns
gelehrt, Gott überall zu sehen, jede Religion sagt es,
und Christus lehrt es im Neuen Testament, und wir
alle wissen es, aber sobald wir es praktisch anwenden sollen, beginnt die Schwierigkeit. Es erinnert
uns an Äsops Fabel von dem schönen Hirsch. Ein
stolzer und freier Edelhirsch spiegelte sich im See
und sprach zu seinem Jungen: »Sieh, wie stark ich
bin, sieh mein herrliches Geweih und meine kraft-
vollen Glieder; es ist schön, ein Hirsch zu sein.« In
diesem Augenblick erscholl in der Ferne des Jägers
Horn und das Bellen der Hunde, der Hirsch ergriff
die Flucht, gefolgt von seinem Jungen. Als sie einen
sicheren Ort erreicht hatten, fragte das erstaunte
Junge: »Warum fliehst du vor dem Menschen, mein
Vater, da du doch so stark und herrlich bist?« »Mein
Sohn, wenn die Hunde bellen, ist mein Selbstver-
trauen dahin.« Genau so geht es uns. Wir hegen
hohe Gedanken über Menschenfreundlichkeit, wir
fühlen uns stark und mutig, wir fassen große Ent-
schlüsse; aber wenn die »Hunde« der Prüfung und
der Versuchung bellen, sind wir wie der Hirsch in
der Fabel. Aber welchen Sinn hat es dann, solche
Dinge überhaupt zu lehren? Es hat den Sinn, uns

zur Beharrlichkeit anzuhalten, die schließlich alles überwinden wird, denn nichts kann in einem Tage erreicht werden.

»Erst vernimm von diesem Selbst, dann prüfe, was du vernommen hast und dann meditiere darüber *.« Jeder kann den Himmel sehen, sogar der auf der Erde kriechende Wurm, aber wie fern ist er! Genau wie unser Ideal, das weit weg ist; und trotzdem müssen wir ein Ideal haben, und zwar das erhabenste Ideal. Leider schleppen sich die meisten Menschen durch ein freudloses Leben ohne irgend ein Ideal; aber wenn der Mensch mit einem Ideal vor Augen tausend Irrtümer begeht, dann begeht der Mensch, der ohne Ideal lebt, fünfzigtausend. Deshalb, laßt uns lieber ein Ideal haben, laßt uns von diesem Ideal vernehmen so viel wir können, laßt es unsere Herzen und unser Denken erfüllen, unsere Adern und unsere Poren durchdringen und in jedem Blutstropfen klingen. Und dann laßt uns darüber meditieren. »Wes das Herz voll ist, des gehet der Mund über«, und aus der Fülle des Herzens sind auch die Hände tätig.

Der Gedanke ist die treibende Kraft in uns. Laßt uns deshalb die erhabensten Gedanken hegen, und sie Tag für Tag, und Monat für Monat denken. Lassen wir uns von Mißerfolgen nicht entmutigen, sie sind selbstverständlich und machen den Reiz des Lebens aus. Ohne Kampf lohnt es sich nicht zu

* Brihadaranyaka-Upanischad.

leben, ohne Kampf ist das Leben farblos. Eine Kuh
wird nie lügen, aber sie ist eben nur eine Kuh und
kein Mensch. Halten wir an unserem Ideal fest, und
wenn wir tausend Fehlschläge erleiden, versuchen
wir es wieder und wieder. Das Ideal des Menschen
ist, Gott in allem zu sehen. Wenn wir Ihn nicht in
allem sehen können, laßt uns damit beginnen, Ihn in
dem zu sehen, was wir am meisten lieben und dann
in etwas anderem, und so fort. Wir haben die Unendlichkeit vor uns, mit der Zeit werden wir das Ziel
erreichen.

›Das Selbst ist einzig. Unbeweglich, ist es schneller als Gedanken. Die Sinne holen es nicht ein, denn
stets ist es im Vorsprung. Stillstehend, überholt es
alles Sichbewegende. Ohne das Selbst gibt es kein
Leben.

Der Tor vermeint, das Selbst bewege sich, doch es
bewegt sich nicht. Dem Toren scheint es weit entfernt, doch ist es nah. Es ist in allem und auch
außerhalb von allem.

Wer alle Wesen im Selbst sieht und sein Selbst
in allen Wesen, kann nicht mehr hassen.

Erleuchtung heißt: das eigne Selbst im ganzen
Weltall finden. Überwunden hat Wahn und Sorge,
wer überall die Einheit sieht *.‹

Die Einheit alles Lebens, diese All-Eins-Lehre ist
ein anderes hervorragendes Kennzeichen der Vedanta
Philosophie. Wir werden erfahren, wie diese Lehre

* Ischa-Upanischad.

im Nichtwissen die Wurzel alles unseres Elends findet, und dieses Nichtwissen ist die Vorstellung von Mannigfaltigkeit, von Trennung zwischen Mensch und Mensch, zwischen Volk und Volk, zwischen Erde und Mond, zwischen Atom und Atom. Aber Vedanta behauptet, diese Trennung existiere gar nicht, sei nicht wirklich, sondern nur oberflächlich und scheinbar. Schürfen wir tiefer und dringen ins Herz der Dinge ein, dann finden wir die Einheit; die Einheit zwischen Mensch und Mensch, zwischen Rassen und Rassen, zwischen hoch und niedrig, reich und arm, Göttern und Menschen und zwischen Menschen und Tieren. Wer tief genug schürft, wird in allem die Mannigfaltigkeit des Einen sehen, und wer diese Einheit wahrgenommen hat, hat die Täuschung erkannt. Was kann ihn noch betören, wenn er die Wirklichkeit, das Geheimnis in allem kennt; worüber sollte er noch klagen? Was sollte der noch begehren, der erkannt hat: die Wirklichkeit in allen Dingen ist der Erhabene, der Mittelpunkt, das All-Eine, gleichbedeutend mit ewigem Sein, ewigem Wissen und ewiger Glückseligkeit? Hierher dringt weder Tod noch Krankheit, weder Kummer noch Sorge, noch Unzufriedenheit; hier ist vollkommene Einheit und vollkommene Glückseligkeit. Um wen sollte man trauern? In der Wirklichkeit gibt es keine Trauer und keine Sorge, weder Not noch Tod. Er, der reine Eine, der Gestaltlose, der Körperlose, der Makellose, Er, der Wissende, der erhabene Poet, der Selbst-

Seiende durchdringt alles und mißt jedem nach seinem Verdienste zu. Wer diese unwissende Welt an-
betet, die Welt, die der Irrtum ins Leben ruft, wer
den Schein für das Sein hält, der lebt in Finsternis,
und jene, die ihr ganzes Leben in einer solchen Welt
zubringen und nie nach Besserem und Erhabenerem
streben, leben in noch größerer Finsternis. Aber wer
das Geheimnis der Natur entdeckt und mit ihrer
Hilfe DAS findet, was jenseits der Natur ist, der
überwindet den Tod und DAS, was sich jenseits der
Natur befindet, wird ihm die ewige Seligkeit geben.

»O Sonne, der Wahrheit Antlitz ist verhüllt von
deiner Scheibe. Entferne sie, auf daß ich Wahrheits-
sucher der Wahrheit Herrlichkeit erblicken kann.
Erhalter du, Beherrscher des Himmels und der Erde,
o leuchtende Sonne, du Lebensquelle aller Kreaturen,
verhüll' dein Licht und sammle deine Strahlen. Laß'
deine liebliche Gestalt durch deine Gnad' mich
schauen. Das Wesen, das dir innewohnt, dies Wesen,
das bin ich *.«

* Ischa-Upanischad.

VERWIRKLICHUNG

Eine der schlichtesten, aber wohl eine der dichterisch schönsten Upanischaden ist die Katha Upanischad. Sir Edwin Arnold hat sie unter dem Namen »Das Geheimnis des Todes« übersetzt. Schon vorher wurde besprochen, wie die Frage nach dem Ursprung und der Erschaffung des Weltalls keine befriedigende Antwort von außen her fand, und sich das Fragen deshalb nach innen wandte. Die Katha Upanischad behandelt das Problem vom psychologischen Standpunkte aus, indem sie die innere Natur des Menschen einer Prüfung unterzieht. Zuerst lautete die Frage: wer hat diese Welt erschaffen, und wie trat sie ins Dasein? Jetzt heißt die Frage: was ist es, das dem Menschen Leben und Bewegungsmöglichkeit gibt, und was wird daraus nach seinem Tode?

Die frühen Philosophen studierten die Materie und machten den Versuch, auf diesem Wege zum Allerletzten vorzudringen. Jedoch das Beste, was sie finden konnten, war ein persönlicher Herrscher des Weltalls, ein ins Unermeßliche vergrößertes, aber doch in jeder Hinsicht menschliches Wesen. Ein solches konnte aber nie die volle Wahrheit, sondern bestenfalls einen Teil der Wahrheit zum Ausdruck bringen. Wir sehen das Weltall mit menschlichen

Augen, und unser Gott ist unsere menschliche Auffassung des Weltalls. Würde eine Kuh Philosophie
und Religion besitzen, so fände sie ein Kuh-Weltall
und eine Kuh-Lösung des Problems, aber sie könnte
niemals unseren Gott wahrnehmen. Wenn Katzen
Philosophen wären, so würden sie eine Katzen-Lösung
und ein Katzen-Universum haben, das von einer Katze
beherrscht würde. Wir sehen also, unsere Auffassung
kann das Problem nicht in seinem vollen Umfange
lösen, und unsere Anschauung nicht das ganze Weltall in sich schließen. Wir müssen uns aber davor
hüten, die überaus egozentrische Stellungnahme, zu
der die Menschen neigen, gutzuheißen.

Jede von außen her gefundene Lösung des Welt-
problems leidet unter der Schwierigkeit, daß die
Welt, die wir erkennen, unsere eigene Welt, unsere
eigene Anschauung der Wirklichkeit ist. Die Wirklichkeit aber kann nicht durch die Sinne wahrgenommen werden; man kann sie nicht verstehen. Wir
sehen die Welt vom Standpunkte eines Wesens mit
fünf Sinnen, aber angenommen, wir würden einen
anderen Sinn hinzu erwerben, so würde die Welt
ganz anders aussehen. Hätten wir zum Beispiel einen
magnetischen Sinn, so würden wir möglicherweise
das Vorhandensein von Millionen und Abermillionen
von Kräften wahrnehmen, die wir nicht kennen, und
für die wir jetzt weder Sinn noch Gefühl haben.
Unsere Sinne sind beschränkt, sogar sehr beschränkt,
und innerhalb dieser Schranken befindet sich das,

was wir unsere Welt nennen. Unser Gott, der die
Lösung eines solchen Weltalls darstellt, kann daher
nicht die Lösung des Problems in seinem vollen Umfange sein. Der Mensch jedoch kann sich damit nicht
begnügen, er ist ein denkendes Wesen und möchte
gerne *die* Lösung finden, die ihn das Weltall von
jedem Standpunkte aus verstehen läßt. Er möchte
die Welt kennen, die gleichzeitig die Welt der Menschen, die Welt der Götter, ja die Welt aller nur
erdenklichen Wesen ist, und die ausnahmslos· alle
Erscheinungen zu erklären vermag.

Zuerst müssen wir das Weltall finden, das alle
Welten in sich schließt, den Stoff, der unabhängig
von allem ist und aus dem alle jene verschiedenen
Daseinsebenen gebildet sind, gleichgültig ob er durch
die Sinne wahrnehmbar ist oder nicht. Wenn wir
etwas entdecken könnten, das gemeinsames Eigentum
sowohl der niederen wie der höheren Welten ist,
dann wäre unser Problem gelöst. Selbst wenn wir
durch Logik allein zum Verständnis gelangen könnten, alles Dasein habe *eine* gemeinsame Grundlage,
kämen wir einer gewissen Lösung näher. Aber diese
Lösung kann in der Welt, wie wir sie sehen und
kennen, nicht zu finden sein, denn unsere Welt ist
nur eine Teilansicht des Ganzen.

Unsere einzige Hoffnung liegt also in einem wei-
teren Vordringen. Die Denker früherer Zeiten ent-
deckten, daß, je weiter sie vom Mittelpunkt entfernt
waren, desto zahlreicher die Verschiedenheiten und

Unterschiedlichkeiten auftraten, und je mehr sie sich
diesem Punkte näherten, desto näher waren sie der
Einheit. Im Zentrum des Kreises treffen alle Radien
zusammen, und je weiter wir uns von diesem Zentrum entfernen, desto weiter gehen die Linien der
einzelnen Radien auseinander. Die Außenwelt ist
weit vom Zentrum entfernt, und in ihr befindet sich
kein gemeinsamer Grund, in dem sich alle Daseins-
erscheinungen begegnen könnten. Die Außenwelt ist
bestenfalls ein Teil der Gesamtheit der Erscheinungen. Es gibt andere Teile, den psychischen, den sittlichen, den intellektuellen Teil, — die verschiedenen
Daseinsebenen —, und wenn wir nur den einen Teil
berücksichtigen, können wir unmöglich eine für das
Gesamte gültige Lösung finden. Es ist deshalb notwendig, erst ein Zentrum zu finden, von dem aus
alle Daseinsebenen gleichsam ihren Ausgang nehmen,
und ausgehend von diesem Mittelpunkte müssen wir
die Lösung suchen; dies ist unsere Aufgabe. Und wo
ist jenes Zentrum? Es ist in uns! Die alten Weisen
drangen tiefer und tiefer ein, bis sie schließlich das
Zentrum der Welt im innersten Kern der menschlichen Seele fanden. Alle Ebenen neigen sich diesem
Punkte zu, der den gemeinsamen Grund darstellt
und nur, wenn wir dort stehen, können wir die all-
gemeine Lösung finden. Dieses Thema behandelt die
Katha-Upanischad in bilderreicher Sprache. Es war
einmal ein sehr reicher Mann, der gelobt hatte, ein
Opfer zu bringen, das von ihm verlangte, alles weg-

zugeben was er besaß. Jedoch dieser Mann war nicht ehrlich; er wollte wohl den Ruf und den Ruhm einheimsen, den ein solches Opfer mit sich brachte, aber er gab nur wertlose Dinge weg, wie alte, unfruchtbare, blinde und lahme Kühe. Er hatte einen Sohn, Natschiketas genannt, der sah, wie unrecht der Vater handelte und wie er sein Gelübde brach, aber er wußte nicht, was er dagegen tun sollte. In Indien werden Vater und Mutter von den Kindern gleich lebenden Göttern geehrt. Der Knabe näherte sich also dem Vater mit größter Ehrerbietung und richtete demütig die Frage an ihn: »Vater, wem wirst du mich geben, da ja dein Gelübde von dir fordert alles wegzugeben?« Der Vater war über diese Frage sehr betroffen und erwiderte: »Denkst du etwa, ein Vater solle seinen Sohn weggeben?« Nachdem der Knabe seine Frage zwei- und dreimal wiederholt hatte, antwortete der Vater zornig: »Dich gebe ich dem Tode (Yama).« Dann schildert die Erzählung, wie der Knabe zu Yama, dem Gotte des Todes, ging. Yama war der erste sterbliche Mensch, der nach seinem Tode zum Herrscher aller Verstorbenen wurde. Alle guten Menschen kommen nach ihrem Tode zu ihm, um mit ihm lange Zeit zu leben. Wie sein Name Yama sagt, ist er sehr rein und heilig, züchtig und gütig. Der Knabe begab sich also in Yamas Reich, aber da sogar Götter manchmal von zu Hause abwesend sind, mußte er drei Tage lang warten. Als Yama am dritten Tage zurückkam, sprach er:

»Brahmane, ich grüße dich. Du bist fürwahr
ein Gast, der aller Ehren wert ist. Ich bitte dich,
nicht Unheil ruf auf mich hernieder. Drei Nächte
lang hast du in meinem Haus geweilt und seine
Gastlichkeit doch nicht genossen. Drei Wünsche
stehen dir deshalb frei, ein Wunsch für jede
Nacht«.

Der erste Wunsch, den Natschiketas äußerte, be-
traf die Wiederversöhnung mit seinem Vater; er
sprach:

»O Tod, dies ist mein erster Wunsch: Möge
meines Vaters Sorg um mich und auch sein Groll
vergehen. Mag froh er mich empfangen und willkommen heißen, wenn du, o Tod, mich ihm zu-
rückgegeben.«

Yama erfüllte diesen Wunsch. Der nächste Wunsch
Natschiketas war, etwas über ein Opfer zu erfahren,
durch das man in den Himmel kommen konnte.

Wie wir uns erinnern, war die früheste, im Sam-
hita-Teil der Veden befindliche Vorstellung vom
Himmel, die eines Lebens in leuchtenden Leibern im
Verein mit den Vorfahren. Allmählich entstanden
andere Ideen, aber auch diese waren unbefriedigend,
und man suchte daher nach etwas Höherem. Man
sagte sich, zwischen einem Leben im Himmel und
dem Leben in unserer Welt sei kein sehr großer
Unterschied, bestenfalls könne es mit dem Leben
eines Menschen verglichen werden, der über Gesund-
heit und Reichtum, über einen Leib verfügt, der

keine Krankheit kennt, und der zahlreiche Sinnes-
freuden genießt. Es wäre also wiederum diese materielle Welt, nur etwas verfeinert, und wir wissen, die
äußere, materielle Welt, also auch kein Himmel, kann
das Problem lösen. Wenn diese Welt nicht die
Lösung bringen kann, dann kann es auch nicht die
Vervielfachung dieser Welt, denn wir dürfen nie vergessen, Materie macht nur den winzigsten Teil der
Naturerscheinungen aus, und der weitaus größte Teil
aller sichtbaren Erscheinungen gehört nicht dem Bereiche der Materie an. Bedenken wir nur, welch
große Rolle in jedem Augenblicke unseres Lebens
Gedanken und Gefühle spielen, wie gewaltig, verglichen mit den äußeren materiellen Erscheinungen,
jene innere Welt mit ihrer weitumfassenden Tätigkeit ist und wie unbedeutend dagegen die Sinnes-
erscheinungen. Die Himmel-Lösung kann nicht jedermann befriedigen, weil sie von dem Gedanken ausgeht, die Gesamtheit der Erscheinungen bestehe nur
im Sehen, Empfinden, Schmecken und so fort. Trotzdem ist es Natschiketas zweiter Wunsch, etwas über
ein Opfer zu erfahren, wodurch man in den Himmel
kommen kann. Die Veden enthielten die Vorstellung,
solche Opfer seien den Göttern wohlgefällig und
würden den Menschen zum Himmel verhelfen.

In allen Religionen finden wir die Anschauung
vertreten, alles was alt ist, sei heilig. Unsere Vorfahren in Indien pflegten beispielsweise auf Birkenrinde zu schreiben, und die Birkenrinde wird auch

heute noch als heilig betrachtet, obgleich man seit-
her gelernt hat, Papier herzustellen. Wenn alte Koch-
geräte durch neue, bessere ersetzt wurden, erklärte
man die alten für geheiligt, ein Brauch, der besonders
in Indien vorherrscht. Uralte Gebräuche, wie zum
Beispiel das Aneinanderreiben von zwei Stöcken, um
Feuer zu erhalten, werden noch heute geübt, und beim
Opfern darf keine andere Methode angewandt werden.
Die jetzigen Nachkommen der asiatischen Arier ziehen
noch heute vor, Feuer aus dem Blitze zu erzeugen,
um zu zeigen, daß sie einst ihr Feuer auf diese Art
erzeugten. Wenn alte Gebräuche von anderen ab-
gelöst wurden, erklärte man die alten für geheiligt.
Die Hebräer schrieben früher auf Pergament; jetzt
schreiben sie auf Papier, aber das Pergament ist heilig. Bei allen Völkern finden wir, daß neue und bessere Methoden die alten Sitten und Gebräuche er-
setzen, jedoch werden die letzteren bei bestimmten
Gelegenheiten noch ausgeübt und erhalten eine heilige Bedeutung. Die vedischen Opfer waren auf dieser Idee aufgebaut. Dann kamen die Priester und
machten ein Geschäft aus diesen Opfern; die Opfer
bedeuteten ihnen alles. Die Götter erfreuten sich am
Dufte der Opfer, und man glaubte, alles in dieser
Welt könne durch Opfergaben oder durch Singen
von Hymnen oder durch gewisse, eigentümliche
Altarformen erlangt werden. Natschiketas wollte
also wissen, durch welche besondere Form des Opfers
man in den Himmel kommen könne. Auch der zweite

Wunsch wurde von Yama gerne erfüllt, und er versprach, diesem Opfer von nun an den Namen Natschiketas beizulegen.

Dann kommt der dritte Wunsch, mit dem die Upanischad eigentlich erst beginnt. Der Knabe sprach:

»Ein Zweifel waltet, wenn der Mensch gestorben. ,Er ist', sagen die einen, ,er ist nicht', die anderen. Von dir belehrt, möcht gern die Wahrheit ich ergründen. Dies sei mein dritter Wunsch.«
Yama, der gerne die beiden ersten Wünsche erfüllt hatte, zögerte.

»Nein«, sprach der Tod, »die Götter selbst vermochten einst dies Rätsel nicht zu lösen. Verschleiert ist die Wahrheit und schwierig zu verstehen. Wähl einen andern Wunsch dir, Natschiketas.«

Der Knabe aber ließ sich nicht beirren und erwiderte:

»Du sagst, o Tod, sogar die Götter hätten hier gezweifelt und es sei schwierig, das Geheimnis zu enträtseln. Wie könnte einen besseren Lehrer ich mir wünschen als dich, o Tod. Kein anderer Wunsch ist diesem gleich an Werte.«

Den Knaben abermals versuchend, entgegnete der Tod:

»Erbitte Kinder dir und Enkel, die hundert Jahre leben. Erbitte Herden, Elefanten, Pferde dir und Gold. Wünsch dir ein mächtig Königreich

und langes Leben. Und wenn du Besseres kannst
ersinnen, verlange dies.

Mit süßen Freuden will ich dich beschenken,
und, um sie zu genießen, Kräfte dir verleihen, die
unvorstellbar sind für Menschen. Wahrlich, ich
mach dich zum Genießer aller Lust und Freuden.

Himmlische Jungfrauen, herrlich anzuschauen,
so schön, wie Irdischen sie niemals zustehen, auch
sie samt ihren glänzenden Karossen, ihren Flöten,
Lauten, auch sie will ich dir geben, dir zu dienen.
Nur frage nicht, o Natschiketas, nach dem Myste-
rium des Todes.«

Doch Natschiketas ließ nicht ab von seinem
Wunsche und sagte:

»All diese Dinge sind nur für den Augenblick
geboren, o Zerstörer alles Lebens, und die Freuden, allzuviel gekostet, schwächen unsere Sinne.
Behalte deshalb deine Pferde, deine Wagen, behalte Tanz und Spiele für dich selber. Wen lockte
Reichtum, der dir sah ins Auge? Nein, nur der
Wunsch, den ich dir sagte, und keinen andern
will ich wählen.«

Da nun begann der Herr des Todes, im Herzen
tief erfreut, den Knaben Natschiketas einzuweihen in
das Geheimnis der Unsterblichkeit.

»Das Gute ist das eine, das andere das Angenehme. Diese beiden, in ihren Zielen grundver-
schieden, sind der Beweggrund unseres Handelns.

Zum Heil gereicht es denen, die das Gute wählen.
Wer das Angenehme sucht, verfehlt das Ziel.

Gutes und Angenehmes bieten sich dem Menschen. Der Weise, prüfend, unterscheidet beide, und
zieht das Gute dem Angenehmen vor. Der Tor, von
Fleischeslust getrieben, wählt das Angenehme.

Du ließest durch der Sinne süße Lüste dich
nicht locken. Du hast dich abgewandt vom
Sumpfe, darin so mancher Mensch versinkt.«

Nunmehr lernen wir eine hochentwickelte Vorstellung von Entsagung und vedischer Sittlichkeit
kennen. Sie geht davon aus: keiner kann die Wahrheit erkennen, solange er nicht jede Begierde nach
Genuß überwunden hat. Solange die eitlen Begierden
unserer Sinne toben und uns nach außen ziehen, uns
jeden Augenblick gleichsam zu Sklaven unserer Umgebung machen, wegen ein bißchen Farbe, Geschmack oder Berührung, solange kann die Wahrheit
nicht in unseren Herzen leuchten.

Der Tod setzt seine Belehrung fort:

»Den Unbedachten, von irdischem Besitz Ge-
blendeten, tut sich der Pfad zum Hort der Ewigkeit nicht auf. *Nur diese Welt ist wirklich, kein
Jenseits gibt's,* so wähnend, taumeln töricht sie
von Leben zu Leben, und fallen immer wieder in
des Todes Rachen.

Den meisten ist es nicht beschieden, vom Selbst
zu hören; viele, die davon vernehmen, begreifen
es nicht. Vortrefflich ist, wer es erklärt, weise

wer's erfaßt, begnadet, wer, belehrt von einem
guten Lehrer, es innewird.

Das, was das Selbst in Wahrheit ist, kann nicht
begriffen werden, wenn ein Nichtwissender es
lehrt, denn *Meinungen* darüber, die nicht auf eigener Erkenntnis fußen, *weichen von einander
ab...* Dem Schüler aber, der belehrt von einem
guten Lehrer, sind *eitle Theorien* verleidet. Er faßt
die Wahrheit.«

Nach unserer Erfahrung ist das Verlangen aller
Religionen: Du mußt glauben. Man hat uns gelehrt,
blind zu glauben. Diese Idee vom blinden Glauben
ist zweifellos anfechtbar; aber wenn wir sie näher
betrachten, finden wir in ihr doch eine große Wahrheit. Was wirklich darunter zu verstehen ist, haben
wir eben gelesen. Verschiedene Meinungen und Argumente, sowie eitle Theorien können uns nicht dazu
verhelfen, Gott zu erkennen. Wo etwas Faßbares
vorliegt, bedarf es keiner Beweisführung. Jeder Einwand und jedes Vernunfturteil muß auf bestimmten
Wahrnehmungen beruhen, denn ohne diese kann es
keine Beweisführung geben. Schlußfolgerungen zieht
man auf Grund gewisser bekannter Tatsachen, die
man miteinander vergleicht, und ohne solche bekannte Tatsachen kann es keine Schlußfolgerungen
geben. Wenn dies auf die Außenwelt zutrifft, warum
sollte es nicht auf die innere Welt zutreffen? Der
Chemiker handhabt gewisse Chemikalien und erzielt
gewisse Ergebnisse. Das ist eine faßbare Tatsache,

die als Grundlage für gewisse chemische Beweisführungen dient. Genau so macht es der Physiker
und die anderen Wissenschafter, weil alles Wissen
auf der Wahrnehmung bestimmter Tatsachen beruht, auf der wir unsere Schlußfolgerung aufbauen.
Merkwürdigerweise meint der weitaus größte Teil
der Menschheit, besonders in der heutigen Zeit, eine
derartige Wahrnehmung in der Religion sei nicht
möglich, und Religion könne nur durch leere Beweisführungen begriffen werden. Religion aber beruht auf faßbaren Tatsachen und nicht auf Worten.
Wir müssen unsere eigene Seele zerlegen, um zu finden, was Religion ist. Wir müssen verstehen, und
dann verwirklichen, was wir verstanden haben. Das
ist Religion. Keine noch so große Anzahl von Worten
wird Religion machen, und deshalb heißt es, die Gedanken nicht mit unnützen Beweisführungen zu ver-
wirren.

Die Frage, ob es einen Gott gibt oder nicht, kann
daher nie durch Grübeln oder Theorien beantwortet
werden, denn die Beweise für beide Behauptungen
halten sich die Waage. Aber wenn es einen Gott
gibt, dann muß Er in unseren eigenen Herzen sein.
Hat Ihn je einer gesehen? Die Frage, ob diese Welt
existiert oder nicht, ist bis heute nicht beantwortet
worden, und der Streit der Meinungen zwischen Idea-
listen und Realisten hat bis jetzt kein Ende gefunden.
Aber wir wissen, daß diese Welt ist und ihren
Gang geht. Wir verändern nur den Sinn der Worte,

und sollten statt dessen in allen Lebensfragen lieber zu den Tatsachen übergehen. Es gibt in der Religion, genau wie in der Naturwissenschaft, bestimmte Wahrheiten, die faßbar sind, und auf diesen wird die Religion aufgebaut werden.

Selbstverständlich ist die übertriebene Forderung, man müsse jedes Dogma einer Religion glauben, eine Herabwürdigung der menschlichen Vernunft und erniedrigend sowohl für den, der ein solches Verlangen stellt, als auch für den, der es befolgt. Die Weisen der Welt haben lediglich das Recht, uns zu berichten, sie hätten durch Selbstanalyse gewisse Tatsachen gefunden, und erst, wenn wir die gleiche Methode anwenden, werden wir glauben, und nicht vorher. Das ist die ganze Bedeutung der Religion. Vergessen wir nicht, kaum ein Religionsgegner hat je den Versuch der Selbstanalyse unternommen, und kaum einer von ihnen war bestrebt, die Tatsachen zu erfahren. Ihre Argumente gegen Religion haben deshalb nicht mehr Gewicht, als die Worte eines Blinden, der ausruft: »Ihr seid alle Narren, die ihr an die Existenz der Sonne glaubt.«

Dieser Begriff der *Verwirklichung* ist eine der erhabensten Ideen, die wir der Menschheit verkünden müssen. Erst wenn wir verstehen: Religion ist nicht in Büchern und Tempeln, sondern eine faßbare Wahrnehmung, werden die Kämpfe und die Unterschiede zwischen den einzelnen Religionen ein Ende haben. Nur der hat Religion, der Gott und die Seele tat-

sächlich wahrgenommen hat. Zwischen dem höchsten
kirchlichen Würdenträger, der Bände predigen kann,
und dem geringsten, unwissenden Materialisten, ist
kein wirklicher Unterschied. Laßt uns zugeben, daß
wir alle Atheisten sind, denn bloße intellektuelle Zustimmung macht uns nicht religiös. Jeder, der die
Wahrheit der Bergpredigt verwirklicht, sei er Christ
oder Mohammedaner oder Anhänger irgend einer
Religion, wäre vollkommen und würde sofort Gott
werden. Wenn man sagt, es gibt viele Millionen
Christen in der Welt, so kann damit nur gemeint
sein, die Menschheit werde zu irgend einer Zeit versuchen die Bergpredigt zu verwirklichen. Jetzt ist
nicht einer unter zwanzig Millionen ein wahrer
Christ. In Indien leben schätzungsweise dreihundert
Millionen Vedantisten. Wenn aber nur einer von
tausend tatsächlich Religion verwirklichen würde,
hätte die Welt bald ein anderes Aussehen.

Wir sind alle Atheisten und bekämpfen jene, die
zugeben, solche zu sein. Wir tappen alle im Dunkeln,
weil Religion für uns nur eine intellektuelle Angele-
genheit, bloßes Gerede ist und weiter nichts. Wir
halten jemand, der tönende Reden hält, für religiös,
aber das ist nicht Religion. »Vortreffliche Wortver-
bindungen, rednerische Begabung und verschiedene
Auslegungen von Büchertexten sind wohl eine
Freude für den Gelehrten, aber sie sind nicht Religion *.« Religion beginnt mit der tatsächlichen Ver-

* Shankara, Vivekatschudamani.

wirklichung in unseren eigenen Seelen. Das ist die
Morgendämmerung der Religion, die allein uns sittlich machen kann. Gegenwärtig haben wir nicht
mehr Moral als die Tiere und werden nur durch den
gesellschaftlichen Zwang niedergehalten. Wenn die
Gesellschaft heute sagen würde: »Ich werde euch
nicht bestrafen, wenn ihr stehlt«, würden wir uns
sofort auf fremdes Eigentum stürzen. Im Geheim-
sten unserer Herzen wissen wir: der Polizeidiener
und die öffentliche Meinung machen uns moralisch.
Seien wir keine Heuchler, bekennen wir, daß wir
nicht religiös sind, und kein Recht haben, auf andere
herabzusehen. Wir sind alle Brüder, und wahre Moral
werden wir haben, sobald wir Religion verwirklichen.
Wenn man Religion und Gott in einem viel intensi-
veren Sinn erfaßt hat als man diese Welt erfaßt,
dann wird nichts imstande sein, unseren Glauben zu
erschüttern; und das ist der wahre Glaube. Das ist
mit den Worten des Neuen Testaments gemeint:
»Wenn ihr Glauben habt auch nur so groß wie ein
Senfkorn *.« Dann wird man die Wahrheit kennen,
weil man die Wahrheit geworden ist.

Dies ist das Losungswort des Vedanta: verwirk-
liche Religion, reden führt zu nichts! Aber diese Verwirklichung ist außerordentlich schwierig. »Er hat
sich im Atom verborgen, dieser uralte Eine, der im
Innersten des menschlichen Herzens wohnt.« Die
Weisen verwirklichten Ihn durch die Macht der In-

* Matthäus, XVII, 20.

nenschau und gelangten jenseits von Lust und Leid, jenseits von dem, was wir Tugend und Laster nennen, jenseits von Gut und Böse, jenseits von Sein und Nichtsein; wer Ihn gesehen hat, hat die Wirklichkeit gesehen. Aber was wird dann aus dem Himmel, der Vorstellung von Glück ohne Unglück? Wir möchten gerne die Freuden des Lebens ohne die Leiden. Das ist ein sehr guter und natürlicher Gedanke, aber er beruht auf einem Irrtum, weil es nichts gibt, das unbedingt gut oder unbedingt schlecht ist.

Was ist denn Freude und was ist Leid? Ein Mann beging Selbstmord, weil ihm von seinem ungeheuren Vermögen nur noch eine Million Pfund übrig blieb; diese Summe bedeutet Armut für ihn. Jedermanns Vorstellung von Freude ist verschieden; wo ist der Maßstab für Freude, an den wir uns halten können? Einer, der nur glücklich ist, wenn er jeden Tag Opium bekommt, wird sich den Himmel als einen Ort vorstellen, wo man im Opium schwimmt. Für einen jungen Mann ist ein Himmel voller schöner Mädchen der Traum; wenn derselbe Mann alt ist, hat sich seine Idee vom Himmel gewandelt. Es sind unsere Bedürfnisse, die unsere Vorstellung vom Himmel bestimmen, und mit den Ansprüchen wechselt auch die Idee vom Himmel. Ein Himmel, wie ihn Menschen sich ersehnen, denen Sinnesgenuß der Zweck des Daseins ist, wäre ein Fluch für die menschliche Seele und ein Hindernis für jeden Fort-

schritt. Ein wenig weinen, ein wenig tanzen, und
dann sterben wie ein Hund! Ist das alles, wonach
wir streben? Wenn damit unsere Sehnsucht gestillt
ist, wenn unser einziges Verlangen nach den Freuden
dieser Welt steht, erweisen wir der Menschheit einen
schlechten Dienst.

Wir wissen ja gar nicht, was wahre Freude ist.
Unsere Philosophie verlangt nicht von uns, daß wir
auf Freude verzichten, sondern wir sollen lernen, was
wirkliche Freude ist. Unsere Philosophie erklärt ausdrücklich, es gibt eine Freude, die unbedingte und
unwandelbare. Diese Freude kann nicht gleichbedeutend mit den Belustigungen und Vergnügungen dieses
Lebens sein, wenngleich Vedanta nachweist, daß alles
Freudvolle in diesem Leben nur ein winziges Teilchen der wahren Freude ist, weil eben nur diese eine
Freude existiert. In der Tat erfreuen wir uns ununut-
terbrochen der unbedingten Glückseligkeit, aber sie
ist verdeckt, mißverstanden und zum Zerrbild entartet. Jeder Segen, jede Glückseligkeit und jede
Freude, sogar die Freude des Diebes am Stehlen, sind
nur ein Abglanz jener unbedingten Glückseligkeit,
nur ist sie durch allerlei äußere Umstände dunkel
und trübe geworden. Aber um das zu verstehen, und
um die positive Seite wahrzunehmen, müssen wir
durch einen Prozeß der Negation hindurch. Wir
müssen alles Unwissen und alles Falsche aufgeben,
damit die Wahrheit sich uns offenbaren kann. Wenn
wir die Wahrheit erfaßt haben, dann werden die

Dinge, auf die wir zuerst verzichteten, uns in neuer
Gestalt und neuem Lichte erscheinen und vergöttlicht
und veredelt werden. Wir müssen zuerst entsagen,
wir müssen erst unsere Sorgen, unser Elend und
unsere kleinen Freuden aufgeben, um sie vergöttlicht
wieder zu empfangen, und um sie so zu begreifen,
müssen wir erst einen Schimmer der Wahrheit verstanden haben.

»Vom Ziel, das alle Veden uns verkünden, das
zu erreichen sich die Menschen Bußen und Opfer-
dienste auferlegen und ein Leben der Enthaltsam-
keit, von diesem will in aller Kürze ich dir sprechen: Es ist OM.«
OM wird in den Veden hochgepriesen und als
außerordentlich heilig erklärt.
Nunmehr beantwortet Yama die Frage: »Was
wird aus dem Menschen, wenn der Körper stirbt?«
»Der Atman — sein Symbol ist OM — ist der
Allweise. Nicht ist geboren er, nicht stirbt er.
Nicht Ursach ist er und nicht Wirkung. Der ur-
anfänglich Eine ist ungeboren, ist ewig und unsterblich. Wenn auch der Leib vernichtet wird,
er bleibt bestehen.
Glaubt der Tötende, er töte, glaubt der getötet wird, er sterbe, so wissen beide nicht die
Wahrheit. Der Atman tötet nicht und wird auch
nicht getötet.«
Eine gewaltige Auffassung. Die Betonung sollte
auf dem Wort »Allweise« der ersten Zeile ruhen, weil

nämlich, wie wir später sehen werden, Vedanta die
Anschauung hat, alle Weisheit und Reinheit seien
von jeher in der Seele, mehr oder weniger durch-
schimmernd; aber der Unterschied zwischen Mensch
und Mensch, und überhaupt allem in der Schöpfung
liegt niemals in der Art, sondern nur im Grade. Der
Hintergrund und die Wirklichkeit von allem ist dasselbe ewige, immer-glückselige, immer-reine und im-
mer-vollkommene Eine, der Atman, die Seele im
Heiligen und im Sünder, im Glücklichen und im
Unglücklichen, im Schönen und im Häßlichen, in
Menschen und in Tieren, unterschiedlos. Es ist das
leuchtende Eine. Die Verschiedenheit liegt in der
Macht des Ausdrucks, der ohne Einfluß auf den
Atman selbst ist, genau wie verschiedene Kleider
mehr oder weniger vom Körper sichtbar werden
lassen, ohne daß sich deshalb der Körper verändert.

An dieser Stelle müssen wir daran erinnern, daß
in der Vedanta Philosophie die Begriffe Gut und Böse
als zwei verschiedene Wesenheiten nicht existieren; die
gleiche Sache ist gut oder schlecht, nur im Grade liegt
der Unterschied. Etwas kann uns heute als gut erscheinen und morgen, unter anderen Umständen, als
schlecht. Das Feuer, das uns wärmt, kann uns auch
verbrennen, es ist nicht die Schuld des Feuers. Die
Seele ist rein und vollkommen, und der Mensch, der
Böses tut, betrügt sich selbst, weil er seine wahre
Natur nicht kennt. Jene reine, unsterbliche und un-
zerstörbare Seele ist auch im Mörder. Durch seinen

Irrtum hat er sie verdeckt und konnte sie nicht sichtbar machen.

»Kleiner als das Kleinste, größer als das Größte,
weilt es auf ewig in den Herzen Aller. Wer, von
Wünschen frei, Sinn und Sinne wohl geläutert hat,
gewahrt des Atmans Glorie und leidet nicht mehr.

Obgleich stillsitzend, durchwandert er die Fer-
nen, obgleich in Ruhe, ist doch er der Beweger
aller Dinge. Der Reinste aller Reinen nur kann
ihn erkennen, dies Strahlenwesen, das Freude ist
und doch weit mehr als alle Freude.

Gestaltlos selbst, wohnt jeglicher Gestalt er
inne, im ewigen Wandel ist einzig er beständig.
Alldurchdringend, heilig ist der Atman. Der
Weise, der ihn kennt in seinem wahren Wesen,
ist ledig alles Kummers.

Nicht durch das Studium der heiligen Schrif-
ten, durch Scharfsinn nicht, und nicht durch
Schriftgelehrtheit wird erlangt der Atman...«
Dies ist ein kühnes Wort, wie ja überhaupt die
alten Weisen mutige Denker waren, die vor nichts
Halt machten. Man muß wissen, daß in Indien die
Veden als heiliger betrachtet werden als selbst die
Bibel bei den Christen. Die christliche Idee der
Offenbarung ist die göttliche Inspiration eines Men-
schen, aber nach der indischen Auffassung existieren
die Dinge nur deshalb, weil sie in den Veden sind.
Aus den Veden und durch die Veden ist die ganze
Schöpfung entstanden; alles Wissen ist in den Veden.

Jedes Wort ist heilig und ewig, ewig wie die Seele,
ohne Anfang und ohne Ende. Die Gesamtheit des
Schöpfungsgeistes ist in den Veden enthalten, und in
diesem Lichte werden sie betrachtet. Etwas ist sittlich oder unsittlich, weil es die Veden so bezeichnen.
Trotzdem verkünden die Weisen, die Wahrheit könne
nicht durch das Studium der Veden gefunden werden.

»Nur wen er wählt, von dem wird er begriffen;
ihm macht der Atman offenbar sein Wesen.«

Man könnte den Einwand erheben, das komme
einer Parteinahme gleich, aber Yama fährt erklärend
fort:

»Durch Forschen kann ihn keiner finden, es
sei denn, er läßt ab vom Bösen, er meistert seine
Sinne und widmet sich, erfüllt von innerem Frieden, der frommen Andacht.«

Nunmehr kommen wir zu einer sehr schönen bild-
haften Darstellung:

»Der Atman, so wisse, ist der Fahrgast, unser
Leib der Wagen, Verstand der Wagenlenker, der
Wille der Zügel.

Die Sinne, sagt der Weise, sind die Rosse, Sin-
nesbegierden die Wege, die sie ziehen. Wenn mit
Leib, Sinnen und Verstand vereint, nennt den
Atman er den Genießer.

Wem an Einsicht es gebricht, wessen Willen
nicht beherrscht ist, dessen Sinne sind ungehor-
sam, wie widerspenstige Rosse ihrem Herrn.

Doch wer Einsicht hat und seinen Willen meistert, des Sinne gehorchen dem Zügel, wie gute Rosse ihrem Herrn.

Wem es an Einsicht gebricht, wer rastlos und unlauteren Sinns, kann nicht das Ziel erreichen. Er wird immer wiedergeboren.

Doch wer Einsicht hat, wer lauteren Sinns und friedevollen Herzens, der wird das Ziel erreichen und für immer vor Wiedergeburt bewahrt.

Wem ein starker Verstand zum Lenker und beherrschter Wille als Zügel dient, der erreicht das Ziel seiner Reise, Atman, den Alldurchdringenden.

. . . .

Lautlos, gestaltlos, unfaßbar, unsterblich, ohne Geschmack, ohne Geruch, unvergänglich, anfanglos, endlos, unwandelbar, jenseits der Grenzen der Natur ist der Atman. Wer das erkennt, der wird befreit vom Tode...

Aber, wie Messers Schneide ist der Pfad, schmal ist er und gar schwer zu wandeln!

Doch kämpfe und verzweifle nicht! Erwache, erhebe dich und raste nicht, bis das Ziel erreicht ist!«

Im Mittelpunkt aller Upanischaden steht die Idee der Verwirklichung. Der moderne Mensch wird viele Fragen stellen, zum Beispiel die Frage nach dem Zwecke und andere Fragen. Aber wir werden bald

feststellen müssen, daß wir durch unsere Vergangenheit gehemmt sind. Die Gedankenassoziation mit der
Vergangenheit hat eine ungeheure Macht über uns.
Die meisten von uns haben immer nur von einem
persönlichen Gott gehört; wir haben gelernt, wir
seien Persönlichkeiten und besäßen eine Individualität. Uns erscheinen jene Ideen natürlich fremd und
sonderbar; aber wenn wir sie aufmerksam anhören
und über sie nachdenken, werden sie bald nicht mehr
von unserem Leben zu trennen sein und keineswegs
furchterregend erscheinen.

Die große Frage, die allgemein erhoben wird, ist
die nach dem Nutzen der Philosophie. Darauf kann
es nur eine Antwort geben: wenn Menschen es für
zweckmäßig erachten, nach Genuß zu trachten,
warum sollten jene, deren Vergnügen in religiösen
Betrachtungen besteht, sich nicht mit diesen beschäftigen? Viele sind mit Sinnesgenüssen befriedigt, aber
andere streben nach höheren Freuden. Das Vergnügen des Hundes besteht in Essen und Trinken und
er ist nicht imstande, einen Wissenschafter zu verstehen, der alles aufgibt, und auf einem Berggipfel
das primitivste Leben führt, um die Sterne zu beobachten. Die Vergnügungen des Hundes sind auf
die Sinne beschränkt, er mag sie haben, denn er
kennt nichts anderes, aber der Mann der Wissenschaft hat das gleiche Recht, seinem Vergnügen
nachzuleben. Unser Fehler ist, die ganze Welt auf
unserem Niveau festhalten zu wollen und unsere

Auffassung zum Maßstab für alles zu machen. Der
auf dem Boden der Zweckmäßigkeit Stehende wird
sagen: »Sieh, wie glücklich ich bin, ich habe Geld
und zerbrech' mir nicht den Kopf über Religion, sie
ist unerreichbar, und ich bin ohne sie zufrieden.«
Das mag gut sein für den Zweckmenschen, und Gott
sei jedem gnädig, der auf irgend eine Weise glücklich
wird, ohne seinen Mitmenschen Schaden zuzufügen.
Aber wenn man einem Menschen, der nach Religion
strebt, sagen würde, er sei ein Narr, weil er nicht den
gleichen Freuden huldige, so würde er erwidern,
diese interessierten ihn nicht im geringsten, und er
würde lieber sterben, als sein Leben damit zu ver-
bringen, einer Handvoll Gold nachzujagen. Tatsache
ist: nur jene können religiös sein, die diese Dinge
hinter sich haben. Jeder muß seine eigenen Erfahrungen machen, und bevor er nicht die Welt bis zur
Neige ausgekostet hat, kann sich ihm die höhere
Welt nicht eröffnen.

Man glaubt — und glaubte von jeher — än eine
Zeit, da alles Elend im Leben ein Ende haben und
die Erde ein Paradies voll von Glück und Freude
sein werde. Wir glauben nicht daran. Es mag er-
schreckend klingen, aber wir sehen keine Möglichkeit, wie sich das Leben auf dieser Erde je ändern
sollte. Mit dem Elend in der Welt ist es wie mit dem
Rheumatismus; wenn man ihn von einem Ort ver-
treibt, geht er anderswohin. Was hat sich denn ge-
ändert? Früher lebten die Menschen in Wäldern und

fraßen sich gegenseitig auf; jetzt fressen sie nicht mehr das Fleisch der andern, aber sie betrügen sich gegenseitig. Ganze Länder und Städte werden durch Betrug zugrunde gerichtet. Wo ist der Fortschritt? Was Fortschritt genannt wird, ist in unseren Augen nichts anderes als die Vervielfältigung der Begierden. Es ist doch ohne weiteres ersichtlich, daß diese Gier nach Genuß nur Unglück bringt. Es ist der Zustand eines Bettlers, der immer um etwas bettelt, der alles haben möchte, was er sieht, und doch nie genug bekommt. Wenn die Fähigkeit, Begierden zu befriedigen, in arithmetischer Proportion wächst, dann wächst das Verlangen nach noch größerem Genuß in geometrischer Proportion. Aber die Totalsumme von Glück und Unglück in der Welt bleibt die gleiche. Wo ein Wellenberg ist, muß ein Wellental sein, und das Glück des einen Menschen ist das Unglück eines anderen oder eines Tieres. Die Menschen vermehren sich auf Kosten der Tiere, die ausgerottet werden und deren Land man wegnimmt. Können wir da behaupten, das Glück nehme zu? Die starken Völker vernichten die schwächeren; glaubt jemand, das trage zum Glück des Starken bei? Nein, die Starken werden sich gegenseitig vernichten! Praktische und theoretische Gründe und alle Tatsachen sprechen gegen die Annahme, diese Welt werde je zu einem Paradiese werden.

Vollkommenheit ist stets unendlich. Wir sind bereits dieses Unendliche, und wir und alle Wesen ver-

suchen, diese Unendlichkeit sichtbar zu machen. Bis
hierher stimmen wir zu. Aber einige deutsche Philosophen haben aus dieser Tatsache die merkwürdige
Theorie entwickelt, jene Sichtbarmachung werde sich
höher und höher steigern, bis die vollkommene Manifestation erreicht ist und wir vollkommene Wesen geworden sind. Was ist eine vollkommene Manifestation? Vollkommenheit heißt Unendlichkeit, und
Manifestation heißt Begrenzung; eine vollkommene
Manifestation wäre demnach eine unbegrenzte Begrenzung. Solche Theorien mögen Kinder ergötzen,
aber sie vergiften ihre Gemüter und schaden der
Religion. Wir wissen — und alle Religionen lehren es
—, diese Welt ist ein Niedergang, der Mensch ist
eine Entartung Gottes, und Adam fiel. Wir sind zum
Tiere erniedrigt worden und sind jetzt im Aufstieg
begriffen, um uns von den Fesseln zu befreien. Aber
es wird nie möglich sein, jene Unendlichkeit voll
und ganz kundzugeben. So hart wir auch ringen
mögen, es wird die Zeit kommen, da wir die Unmöglichkeit einsehen werden, je vollkommen zu werden, solange wir von den Sinnen gebunden sind.
Dann wird die Stunde geschlagen haben, wo wir den
Rückweg zu unserem ursprünglichen Zustande der
Unendlichkeit antreten werden.

Das bedeutet Entsagung. Wir können aus einer
schwierigen Situation nur herauskommen, indem wir
den umgekehrten Weg einschlagen, auf dem wir in
sie gelangt sind. Und hier beginnen Sittlichkeit und

Menschenliebe. Das Losungswort aller Sittengesetze
ist: »Nicht ich, sondern du«, und dieses »ich« ist das
Erzeugnis jenes hinter ihm stehenden Unendlichen,
das sich in der Außenwelt sichtbar zu machen versucht. Jenes kleine »ich« ist das Ergebnis, und es
muß umkehren, um sich mit dem Unendlichen, seinem wahren Wesen, zu vereinigen. Jedesmal, wenn
wir sagen: »Nicht ich, mein Bruder, sondern du«,
versuchen wir umzukehren; und jedesmal, wenn wir
sagen: »Ich, und nicht du«, tun wir den falschen
Schritt, indem wir versuchen, das Unendliche in der
Sinnenwelt zu manifestieren. Daraus entsteht Ent-
zweiung und Übel in der Welt, aber wenn die Zeit
reif ist, kommt der Gedanke der Entsagung, der
ewigen Entsagung. Das kleine »ich« ist tot und dahin. Ist dieses bißchen Leben wirklich so wertvoll?
All diese Gier nach Leben und Lebensgenuß, hier
oder anderswo, bringt nur Tod.

Wenn wir uns vom Tiere zum Menschen entwickelt haben, können ebensogut die Tiere entartete
Menschen sein. Entwicklung besteht in einer Reihe
von Körpern, die sich stufenweise vom Niedersten
zum Höchsten aufwärts bewegen, aber das ist kein
Beweis, daß die Bewegung ununterbrochen aufwärts
geht und nicht auch von einer höheren Stufe auf
eine niedrigere führen kann. Beide Möglichkeiten
sind vorhanden, und die Wahrscheinlichkeit für ein
Auf und Nieder ist groß, denn es gibt keinen Fortschritt ohne Rückschlag. Unser Ringen nach einem

höheren Leben zeigt, wir sind von einem höheren
Zustand hergekommen. Im Prinzip muß es so sein,
wenn wir auch die Einzelheiten nicht zu übersehen
vermögen. Christus, Buddha und Vedanta verkünden
einstimmig, wir würden mit der Zeit Vollkommenheit erlangen, indem wir die Unvollkommenheit aufgeben. Unsere Welt ist bestenfalls ein häßliches Zerrbild, ein Schatten der Wirklichkeit. Wir wollen die
Wirklichkeit erreichen, und Entsagung wird uns ihr
zuführen. Nur auf dem Grundsatz der Entsagung
kann unser wahres Leben aufgebaut werden; nur
wenn wir nicht an uns denken, leben wir das wahre
Leben. Laßt dieses kleine »ich«, das uns von allem
trennt, sterben! Dann werden wir erkennen: wir leben
in der Wirklichkeit, in der Wirklichkeit, die Gott
ist. Er ist unser wahres Wesen, Er ist stets in uns
und bei uns, laßt uns in Ihm leben und in Ihm be-
harren. Dies allein ist das glückliche Dasein. Das
Leben im Geiste ist das einzige, das wahre Leben;
laßt uns alle danach streben, es zu verwirklichen.

EINHEIT IN DER VERSCHIEDENHEIT *

»Auswärts die Sinne lenkte der Selbstseiende, drum sieht der Mensch nach außen, nicht nach innen. Nur wenige sind's, die, nach dem Ewigen suchend, der Außenwelt entsagen, um im eignen Innern den Atman zu schauen.«

Die Veden befaßten sich zuerst mit der Außenwelt; dann dämmerte der Gedanke auf, die Wirklichkeit aller Dinge könne dort nicht gefunden werden. Nicht, indem man nach außen sieht, kann man sie finden, sondern wie es wörtlich heißt, »im eignen Innern«. Das Wort Atman, das für Seele gebraucht wird, ist sehr bezeichnend, es bedeutet: Er, der sich nach innen begeben hat, die innerste Wirklichkeit unseres Wesens, das Herzzentrum, der Wesenskern, von dem gleichsam alles ausgeht: die Zentralsonne, von der Geist und Körper, Sinnesorgane und alles andere nach außen strahlen.

»Den Fleischeslüsten laufen nach die Toren und gehen ins Netz des allverschlingenden Todes; doch Weise, wissend, daß der Atman unsterblich, verzichten auf die Dinge, die vergänglich.«

Hier wird die gleiche Idee zum Ausdruck gebracht: in der aus vergänglichen Dingen zusammen-

* Fortsetzung der Besprechung über die Katha Upanischad.

gesetzten Außenwelt ist das Ewige nicht zu finden,
sondern im Unendlichen allein. Das einzig Unendliche, das wir unser Eigen nennen, ist in uns, es ist
unsere eigene Seele. Der Seher, die Seele des Menschen allein ist ewig, Er, der in unserem Innern
wacht. Hier, in der unermeßlichen Menschenseele
allein können wir den unendlichen Urheber dieses
ganzen Weltalls finden.

»Was hier ist, das ist auch dort; was dort ist,
das ist auch hier. Wer hier Verschiedenes meint
zu sehen, der schreitet von Tod zu Tod.«

Die Unzufriedenheit mit der Umwelt rief zuerst
den Wunsch nach einem Himmel hervor, in dem es
nur Glück und kein Unglück gab. Man glaubte an
zahlreiche solche Orte und nannte sie »Svargas«,
was am besten mit »Himmel« übersetzt wird. Dort
wollte man mit vollkommenem Körper und Geist mit
den Vorfahren zusammen in ewiger Freude leben.
Aber die Philosophen erklärten, dies sei eine unmögliche und lächerliche Vorstellung. Schon die Idee des
Unendlichen, in Verbindung mit einem Orte, war
ein Widerspruch in sich, da ein Ort irgendwo beginnen und innerhalb der Zeit existieren muß. Diese
Idee wurde also aufgegeben. Man fand, die Götter,
die in solchen Himmeln lebten, waren früher menschliche Wesen, die infolge ihrer guten Taten zu Göttern
wurden. Diese verschiedenen »Gottschaften«, wie
man sie nannte, entsprachen nur verschiedenen Stel-
lungen und Ämtern; die Götter, von denen die Ve-

den sprechen, sind keine ewigen Wesen. Indra und
Varuna, zum Beispiel, sind nicht Namen bestimmter
Personen, sondern Bezeichnungen solcher Ämter, wie
etwa Gouverneur oder dergleichen. Der Indra von
heute ist nicht der Indra von früher, denn dieser ist
gestorben und durch einen anderen Erdbewohner
ersetzt worden. Diese Gottheiten haben nur die Bedeutung von gewissen Ämtern, die von Menschen
ausgefüllt werden, die sich zu Göttern emporgearbei-
tet haben, aber auch sie sind sterblich. Das alte Rig-
Veda verwendet noch das Wort »Unsterblichkeit«,
wenn es von diesen Göttern spricht, aber später ließ
man dieses Wort fallen, weil man wußte, jede, auch
noch so feine, körperliche Gestalt muß irgendwann in
Raum und Zeit begonnen haben. Unsterblichkeit aber
kann es nur jenseits von Zeit und Raum geben. Der
Begriff Gestalt setzt notwendigerweise Raum voraus,
denn es ist unmöglich, sich eine Gestalt ohne Raum
vorzustellen. Raum ist sozusagen einer der Stoffe,
die notwendig sind, um die ständig wechselnden Gestalten gewahr zu werden. Raum und Zeit sind in
Maya; und dies kommt zum Ausdruck in den Worten: »Was hier ist, das ist auch dort«. Wenn es
Götter gibt, so unterliegen sie den gleichen Gesetzen
wie wir, und alle Gesetze schließen Auflösung und
Wiedererneuerung in sich ein. Also werden gesetz-
mäßig aus Materie Formen gebildet und wieder zerstört. Was geworden ist, zerfällt; und wenn es Himmel gibt, gilt dieses Gesetz auch dort.

In unserer Welt folgt dem Glücke das Unglück, dem Leben der Tod als sein Schatten, sie müssen zusammen gehen, weil sie keine Gegensätze sind, sondern verschiedene Kundgebungen derselben Einheit: Leben und Tod, Glück und Unglück, Gut und Böse. Die dualistische Auffassung, Gut und Böse seien zwei getrennte, sich ins Unendliche fortsetzende Wesenheiten, ist offensichtlich unhaltbar, denn sie sind nur verschiedene Manifestationen ein und derselben Sache, die einmal als schlecht und ein anderes Mal als gut erscheint, verschieden im Grade, jedoch nicht in der Art. Das gleiche Nervensystem leitet angenehme und unangenehme Empfindungen, und wenn ein Nerv verletzt oder gelähmt ist, leitet er weder die angenehme noch die unangenehme Empfindung. Die gleiche Sache kann zu einer Zeit Freude und zu einer anderen Zeit Leid verursachen, oder sie wird von dem einen als Glück, von dem andern aber als Unglück empfunden. Ein Fleischgericht wird einem Menschen Vergnügen bereiten, aber Schmerz dem Tiere, das verzehrt wird. Es kann nichts geben, das allen gleichzeitig Vergnügen bereiten kann; des einen Freud' ist des andern Leid! So war es, und so wird es bleiben. Wir bestreiten, daß es sich hier um eine Zweiheit handelt, denn auf dieser Erde kann es niemals Gutes ohne Schlechtes geben. Das mag pessimistisch und enttäuschend klingen, aber bis zum Beweise des Gegenteils müssen wir diese Behauptung aufrecht erhalten.

Gegen diese Feststellung wird häufig der scheinbar sehr überzeugende Einwand erhoben, im Laufe
der Entwicklung werde das Böse nach und nach beseitigt, und nach Millionen von Jahren das Übel ausgerottet sein; nur das Gute würde übrig bleiben.
Dies ist anscheinend ein treffliches Argument; wollte
Gott, es wäre richtig! Aber es ist falsch, weil es von
der Voraussetzung ausgeht, Gut und Böse seien zwei
ewig feststehende Wesenheiten und zwar gäbe es
eine ganz bestimmte Menge von Gutem und eine
ebenso bestimmte Menge von Bösem, welch' letztere
ständig abnimmt, so daß schließlich nur das Gute
übrig bliebe. Die Geschichte der Welt beweist uns
aber die ständige Zunahme des Guten wie des Bösen.
Sehen wir uns den primitiven Waldmenschen an,
dessen Genußmöglichkeiten ebenso beschränkt sind
wie seine Leidensmöglichkeiten; beide liegen ausschließlich auf sinnlichem Gebiete. Wenn er genügend
zu essen hat und die Freiheit, zu jagen und um-
herzustreifen, ist er restlos glücklich. Wenn aber
dieser Mensch Wissen erwirbt, wird er auch die
Fähigkeit zu geistigen Genüssen erwerben, da sich
sein Intellekt entwickelt. Ein schönes Gedicht wird
ihm Freude bereiten und ein mathematisches Problem seine Aufmerksamkeit fesseln, aber damit ver-
feinern sich die Nerven und werden für ein geistiges Elend empfänglich, von dem der Wilde nichts
ahnt. Nehmen wir ein einfaches Beispiel. In Tibet
gibt es keine Ehe, und daher auch keine Eifersucht;

trotzdem weiß jeder, daß die Ehe der höhere Zustand ist. Die Tibetaner haben kein Gefühl für den
Segen der Tugendhaftigkeit und die Freude, ein
keusches, tugendhaftes Weib oder einen ebensolchen
Gatten zu besitzen, aber sie kennen auch nicht den
brennenden Schmerz und die tiefe Eifersucht, welche
der eine Teil infolge der Untreue des andern Teiles
erleidet. Der größeren Freude auf der einen Seite
steht das größere Leid auf der andern gegenüber.

Sehen wir uns England an, das reichste Land der
Erde, überfließend von Luxus; wie groß ist das
Elend, wie groß die Anzahl der Irren, verglichen mit
anderen Völkern, nur weil die Begierde ständig
wächst. Dem Menschen mit einem hohen Lebens-
standard, der in einem Jahr eine Summe verbraucht,
die in Indien ein Vermögen bedeuten würde, kann
man nicht Einfachheit predigen, weil ihm die Gesellschaft kein einfaches Leben gestattet. Das Rad der
Gesellschaft rollt und macht vor den Tränen der
Witwen und Waisen nicht Halt. Es ist richtig, daß
sich auf dieser Grundlage eine Gesellschaft entwik-
kelt hat, die sich an einer großen Anzahl von Dingen
erfreut. Je höher das Ideal, das es zu erreichen gilt,
desto größer sind die Freuden, aber desto größer
auch die Leiden. Das eine ist nur der Schatten des
andern. Die Vernichtung der Leiden muß also unfehlbar auch die Vernichtung der Freuden bedeuten.
Manchmal hat es den Anschein, als ob die Freuden
sich vermindern und die Leiden sich vermehren wür-

den. Und das ist Maya. Dies ist weder Optimismus,
noch Pessimismus. Vedanta behauptet nicht, die Welt
sei ausschließlich leidvoll, das wäre unwahr; aber es
wäre auch ein Irrtum, zu behaupten, sie sei voller
Glück und Segen. Es ist jene scheinbare Zweiheit,
jenes Spiel von Gut und Böse, das unsere Erfah-
rungswelt ausmacht. Aber wir dürfen nicht glauben,
Gut und Böse seien zwei getrennte Wesenheiten; sie
sind ein und dieselbe Sache, die in verschiedenen
Graden und in verschiedenen Verkleidungen auftritt,
und daher beim gleichen Menschen verschiedene Gefühle auslöst.

Deshalb war die erste Idee des Vedanta, die Einheit in der Außenwelt zu finden. Das *eine* Sein, das
sich als Vielheit manifestiert. Die alte primitive
Theorie der Perser, eine Gottheit schaffe alles Gute
und die andere alles Böse, ist unhaltbar. Dann müßte
jedes Naturgesetz in zwei Teilen wirksam sein, der
eine Teil würde von dem guten Gotte, und der andere
Teil vom bösen Gotte gehandhabt; beide wären in
derselben Welt tätig und würden im gegenseitigen
Einverständnis handeln, indem sie einem Gutes und
einem anderen Böses zufügen. Dies ist zweifellos eine
sehr unreife Vorstellung von der Dualität im Dasein,
aber auch die weiter fortgeschrittene und abstraktere
Idee, die Welt sei ein Gemisch von Gut und Böse, ist
unhaltbar. Es ist das Gesetz der Einheit, das uns
Nahrung gibt und das uns tötet.

Wenn wir die Welt weder mit Optimismus noch

mit Pessimismus betrachten, sondern sehen, wie sie ein Gemisch aus beiden ist, dann werden wir finden, nicht die Natur ist an all dem schuldig, sondern die Verantwortung ruht auf unseren eigenen Schultern. Vedanta zeigt uns den Ausweg, nicht indem er das Böse verleugnet, sondern indem er den Tatsachen kühn ins Auge blickt, ohne sie zu verheimlichen. Weder hoffnungslos, noch agnostisch, ist Vedanta bestrebt, ein Heilmittel anzuwenden, das uns nicht den Mund verschließt oder uns blind zu machen versucht.

Ich erinnere mich an einen jungen Mann, dessen Vater starb, und ihn mit einer großen Familie in Armut zurückließ. Als alle Freunde des Vaters ihre Hilfe versagten, tröstete ihn ein Geistlicher mit den Worten, es sei sehr gut so, und alles dieses Mißgeschick widerfahre ihm zu seinem Besten. Das ist die alte Methode, schwärende Wunden mit Goldblättern zu verdecken, ein Bekenntnis von Schwäche und Dummheit. Sechs Monate später wurde dem Geistlichen ein Kind geboren, und der junge Mann wurde zu der Feier eingeladen. Als der Geistliche anfing zu beten, um Gott für seine Güte zu danken, unterbrach ihn der junge Mann mit der Bemerkung, er könne hier nichts Gutes sehen, denn wenn sein scheinbares Mißgeschick beim Tode seines Vaters in Wirklichkeit gut gewesen sei, so müsse jetzt das scheinbare Glück ein Unglück sein. Dies aber ist nicht der Weg, das Elend in der Welt zu lindern.

Laßt uns gütig sein und Mitleid mit den Leiden-
den haben, und versuchen wir nicht, die Welt mit
Flickwerk zu heilen. Wir müssen die Welt überwinden.

Wir leben in einer Welt von Gut und Böse. Dem
Guten muß das Böse folgen, aber hinter allen diesen
Manifestationen, jenseits dieser Widersprüche, entdeckt Vedanta die Einheit und sagt: »Gib beides auf,
das Gute und das Böse.« Was bleibt übrig? Hinter
Gut und Böse steht etwas, das unser ist, unser wahres Ich, das jenseits von Gut und Böse ist und sich
als Gut und Böse kundgibt. Laßt uns zuerst das erkennen und dann, dann allein, können wir wirkliche Optimisten sein, und nicht vorher. Wenn wir
das erkennen, werden wir alle jene Kundgebungen
meistern, und dann wird es uns freistehen, das
wahre »Ich« zu offenbaren. Erst müssen wir Meister über uns selbst sein, aufrecht und frei, um die
Grenzen jener Gesetze zu überschreiten, denn wir
stehen nicht unbedingt unter der Herrschaft dieser
Gesetze, sondern sie machen nur einen Teil unseres
Wesens aus. Wir sind nicht die Sklaven der Natur,
wir waren es nie und werden es niemals sein. Diese
Natur, von der wir glauben, sie sei unendlich, ist nur
begrenzt, ein Tropfen im Weltmeer, und unsere Seele
ist dieses Weltmeer. Wir sind jenseits der Sterne und
der Sonne und des Mondes, die, verglichen mit unserem unermeßlichen Wesen, nur Seifenblasen sind.
Wenn wir das erkannt haben, werden wir Gut und

Böse meistern, wir werden die Welt mit anderen Augen betrachten und ausrufen: »Wie schön ist das Gute und wie wundervoll das Böse!«

Das ist es, was Vedanta lehrt. Er bietet uns kein oberflächliches Heilmittel, das die Wunden mit goldenen Blättern bedeckt und mehr Blätter auflegt, je mehr die Wunde schwärt. Das Leben ist hart, aber wir wollen uns mutig unseren Weg bahnen, denn die Seele ist stärker. Nicht Götter sind verantwortlich, sondern wir selbst gestalten unsere eigenen Schicksale, wir selbst sind die Urheber unserer Leiden, wir selbst sind die Urheber von Gut und Böse, und wir selbst bedecken das Gesicht mit den Händen und sagen, es sei dunkel. Nehmen wir die Hände weg, um das Licht zu erblicken; wir sind strahlend und vollkommen von allem Anbeginn an. Jetzt werden wir den Vers verstehen:

»Wer hier Verschiedenes meint zu sehen,
Der schreitet von Tod zu Tod.«
Sieh das Eine, und sei frei.

Wie können wir dieses Eine sehen? Dieser schwache, so leicht in die Irre gehende menschliche Sinn ist lenkbar und kann stark gemacht werden, um einen Blick zu erhaschen von jenem Wissen, jener Einheit, die uns davor bewahrt, wieder und wieder zu sterben. Wie der Regen, der im Gebirge fällt, von den Bergen in zahlreichen Strömen herabfließt, so kommen alle Kräfte von dieser einen Einheit her. Durch Mayas Schleier gesehen, erscheint sie viel-

fältig; hört auf, der Vielfältigkeit nachzulaufen und
wendet euch dem Einen zu.

»Er ist die Sonne, die am Himmel scheint, er
ist das Lüftchen, das im Weltall weht, er ist das
Feuer, das entbrannt ist am Altar; er ist der Gast
im Haus. In allen Menschen ist er, in allen Göttern wohnt er, im Äther weilt er und überall, wo
Wahrheit ist. Er ist der Fisch im Wasser, die
Pflanze in der Erde, der Wildbach, der vom Fel-
sen stürzt — die wandellose Wirklichkeit, die unbegrenzte.

. . . .

So wie das Feuer, obgleich eines, Gestalt von
allem annimmt, was es verzehrt, so nimmt das
Selbst, ein Einziges, die Form von jedem Ding an,
dem es innewohnt.

So wie die Luft, die eine, Gestalt von allem
annimmt, drin sie eindringt, so nimmt das Selbst,
ein einziges, die Form von jedem Ding an, dem
es innewohnt.«

Dies erfährt man, sobald man jene Einheit erkannt hat, und nicht vorher. Sobald man Ihn überall wahrnimmt, wird alles gut. Wenn es wahr ist,
daß Er, der reine Eine, das Selbst, das Unendliche,
in alles eingedrungen ist, wie wäre es zu erklären,
daß Er leidet, daß Er elend und unrein wird? Er
wird es nicht, sagt die Upanischad:

»So wie der Sonne, der Enthüllerin des Sichtbaren, kein Leid geschieht von einem sündigen

Auge, noch von der Unreinheit der Dinge, die sie schaut, so bleibt das eine Selbst, in allen wohnend, stets unberührt vom Übel dieser Welt. Denn es gehöret ihr nicht an.«

Jemand hat vielleicht eine Krankheit und sieht alles gelb, aber die Sonne bleibt davon unberührt.

»Der eine Herr, das innerste Selbst in allen Wesen, macht sichtbar sich in vielerlei Gestalten. Wem Er sich offenbart im eignen Herzen, nur dem wird ewige Seligkeit, keinem andern, keinem andern!

Geist alles Geistigen, Ewiges im Wechselvollen, eines nur, erfüllt Er das Begehren Vieler. Wem dieses Selbst sich offenbart im eignen Herzen, nur dem wird ewiger Friede, keinem andern, keinem andern!«

Wo Ihn finden in der Außenwelt, wo Ihn finden in den Sonnen, Monden und Sternen?

»Nein, Er empfängt Sein Licht nicht von der Sonne,
Vom Monde nicht und nicht von den Sternen,
Auch nicht vom Blitz, geschweige denn von Feuern,
Die auf Erden man entzündet.
Er ist das *eine* Licht, das allem Licht gibt.
Von Seinem Glanz erstrahlt die ganze Welt.«

Nun kommt ein anderes schönes Gleichnis. Wer in Indien war, und gesehen hat, wie sich der Banyanbaum, aus *einer* Wurzel sprossend, weithin ausbreitet, wird es verstehen. Jener Banyanbaum ist Er. Er ist die Wurzel und hat sich ausgebreitet, bis Er zum

All wurde, und wie weit Er sich auch ausbreiten
möge, alle Stämme und Zweige sind miteinander
verbunden.

Die Brahmanas sprechen noch von verschiedenen
Himmeln, aber die Philosophie der Upanischaden
gibt die Vorstellung vom Himmel auf. Die Glückseligkeit befindet sich weder in diesem noch in jenem
Himmel, sondern in der Seele; Orte sind bedeutungs-
los. Wir kommen nun zu einer anderen Stelle, die
verschiedenen Stufen der Verwirklichung aufzeigend:
»Im Himmel der Vorväter sieht man die Wahrheit
so, wie man Dinge im Traume sieht«, also verschwommen und undeutlich, und in einem anderen
Himmel, Gandharva genannt, sieht man die Wahrheit so unklar, wie man sein Spiegelbild im Wasser
sieht. Im höchsten Himmel, den die Hindus kennen,
im Brahmaloka, sieht man jene Wahrheit viel deut-
licher, wie Licht und Schatten, aber noch nicht ganz
klar. Aber wie ein Mensch sein eigenes Antlitz im
Spiegel sieht, vollkommen, deutlich und klar, so
scheint die Wahrheit in der Seele des Menschen. Der
höchste Himmel ist daher in unserer eigenen Seele,
sie ist der erhabenste Andachtstempel, größer als
irgendein Himmel, sagt Vedanta, denn in keinem
Himmel und nirgendwo können wir die Wirklichkeit
so klar und deutlich wahrnehmen wie in diesem
Leben in unserer eigenen Seele. Ortsveränderung
kann uns nicht weiterhelfen. Ob wir uns in die Wald-
abgeschiedenheit, in eine Höhle oder an einen Wall-

fahrtsort begeben, die gleichen Schwierigkeiten werden uns überall hin folgen. Jeder macht sich seine
Welt selbst, und wenn er böse ist, wird für ihn die
ganze Welt böse sein. Das sagen die Upanischaden.
Und das trifft auf alle Welten zu. Solange man nicht
reinen Herzens ist, nützt es nichts, in Wäldern oder
Höhlen oder Wallfahrtsorten oder in Himmeln zu
leben, und wer den Spiegel blank geputzt hat, kann
leben wo er will, er wird die Wirklichkeit so sehen,
wie sie ist. Das Hin und Her ist nur Kraftvergeu-
dung. Folgender Vers bringt dies zum Ausdruck:

»Kein Auge je gewahrt Ihn, denn Er ist nicht
von sichtbarer Gestalt. Jedoch im Herzen ist Er
zu erkennen durch Selbstbeherrschung und durch
tiefe Andacht. Wer dort Ihn hat gefunden, ist unsterblich.«

Der Yoga, den wir augenblicklich betrachten,
weicht vom Raja-Yoga ab und besteht hauptsächlich
in der Meisterung der Sinne. Wenn die Sinne zu Die-
nern der menschlichen Seele geworden sind und den
Gedankenstrom nicht mehr beeinflussen können, hat
der Yogi sein Ziel erreicht:

»Wenn alle Sinne wunschlos sind, wenn Einhalt geboten dem Gedankenstrom, und das Herz
erfüllt von tiefem Frieden — dies ist, so sagen
die Seher, der allerhöchste Stand. Man nennt ihn
Yoga. Wer ihn erreicht, ist ledig allen Wahns.

Der Sterbliche, in dessen Herzen die Begierden
schweigen, der wird unsterblich. Der Sterbliche,

in dessen Herzen die Knoten der Unwissenheit
sich lösen, der wird unsterblich. Auf Erden schon
genießt Glückseligkeit in Brahman er.«
Hier auf dieser Erde und nirgends sonst.

Hier sind einige erklärende Worte notwendig. Es
wird häufig behauptet, Vedanta und andere östliche
Philosophien richteten ihren Blick nur auf das Jenseits und ließen die Freuden und Kämpfe dieses Lebens unberücksichtigt. Nur Unwissende, die entweder
die östliche Gedankenwelt nicht kennen oder nicht
imstande sind, ihre wahren Lehren zu erfassen, können eine solche Behauptung aufstellen. Im Gegenteil,
jene heiligen Schriften halten es für nicht wünschenswert, in andere Welten zu gehen, und sie schätzen
solche Orte gering ein, weil man auch dort nur ein
wenig lachen und weinen und dann sterben wird.
Solange wir schwach sind, müssen wir durch solche
Erfahrungen hindurchgehen, aber das einzig Wahre
befindet sich hier, nämlich die menschliche Seele. Es
wird ausdrücklich darauf hingewiesen, durch Selbstmord könne man nicht dem Unvermeidlichen entgehen. Der rechte Weg ist aber schwer zu finden.

Der Hindu ist genau so praktisch wie der Abendländer; sie unterscheiden sich nur in ihren Lebens-
anschauungen. Der eine sagt, laß' uns ein schönes
Haus bauen, schöne Kleider und gutes Essen haben,
eine intellektuelle Kultur aufbauen, denn diese Dinge
allein machen das ganze Leben aus; und darin ist
er praktisch. Der Hindu aber sagt, wahre Kenntnis

der Welt bedeutet wahre Kenntnis der Seele, Metaphysik, und dies macht *sein* Leben aus. Dem Abendländer genügt es, hier zu leben, zu essen und zu trinken und ein wenig wissenschaftliche Kenntnisse zu
besitzen, aber er hat kein Recht zu behaupten, das
müsse jedem genügen. Andere befriedigt diese Auffassung nicht. Wenn sie nur lernen sollten, weshalb
ein Apfel auf den Boden fällt oder wie ein elektri-
scher Strom die Nerven erschüttert, würden sie ver-
zweifeln. Sie haben das Verlangen, in das Herz, in
den innersten Kern der Dinge zu dringen. Das Studium der Abendländer beschäftigt sich mit den
Kundgebungen des Lebens, unser Studium beschäftigt
sich mit dem Leben selbst. Unsere Philosophie verlangt, alle Gedanken an Himmel und Hölle und anderen Aberglauben aufzugeben, selbst wenn solche
Orte im gleichen Sinne vorhanden wären wie diese
Welt. Wir wollen das Herz dieses Lebens kennen,
sein innerstes Wesen, was es ist, und nicht nur wie
es wirkt und sich kundgibt. Wir wollen das *Warum*
von allem, das *Wie* überlassen wir den Kindern.
Wissenschaft ist gut und groß, Gott segne ihren Fortschritt, aber es ist unsinnig zu behaupten, daß sie
alles sei, ohne sich um die ›raison d'être‹ des Lebens,
um das Dasein selbst zu kümmern. Ihr studiert die
Manifestationen des Lebens, und wenn man euch
fragt, was das Leben ist, wisst ihr keine Antwort.
Wir sind praktisch, sehr praktisch, und es ist ein
Irrtum zu glauben, nur im Westen sei man es. Wir

sind praktisch auf unsere und ihr seid praktisch auf
eure Weise. Wenn man im Orient einem Menschen
sagt, er könne die Wahrheit finden, indem er sein
ganzes Leben auf einem Beine steht, dann wird er
diese Methode anwenden. Wenn im Westen sich ein
Gerücht über die Entdeckung einer Goldmine ver-
breitet, werden Tausende in ein unzivilisiertes Land
gehen und den größten Gefahren Trotz bieten, in der
Hoffnung, das Gold zu bekommen, obwohl vielleicht
nur ein einziger Erfolg haben wird. Die gleichen
Leute haben gehört, daß sie Seelen haben, aber sie
überlassen es der Kirche, für ihre Seelen zu sorgen.
Der Orientale würde es nicht wagen, die Gefahren,
unter Wilden zu leben, auf sich zu nehmen, aber
wenn man ihm sagt, auf irgendeinem Berggipfel lebe
ein wunderbarer Weiser, der ihm die Kenntnis der
Seele vermitteln kann, so wird er versuchen, den
Berggipfel zu erklimmen, auch wenn er beim Versuche umkommen würde. Beide sind praktisch, aber
der eine begeht den Fehler, diese Welt als das ganze
Leben zu betrachten. Er kennt nur die Sinnesgenüsse,
die vergänglich sind und das Elend vermehren. Der
andere sucht den ewigen Frieden.

Wir sagen nicht, die eine Anschauung sei falsch;
viel Segen kann aus ihr entspringen, aber man soll
jedem seine Ansicht lassen und nicht die des anderen verurteilen; laßt jeden auf seine Weise arbeiten.
Wenn ein Topf mit Wasser zu kochen anfängt, beobachten wir wie zuerst ein Bläschen, dann mehr und

immer mehr Bläschen aufsteigen, bis sie sich schließlich alle vereinigen und eine mächtige Bewegung entsteht. Die Welt ist ähnlich. Jeder Einzelne ist ein
Bläschen, und die Völker können mit vielen solchen
Bläschen verglichen werden. Allmählich werden die
Völker sich vereinigen, und der Tag wird kommen,
da die Trennung verschwinden und jene Einigung
und Harmonie, der wir alle zustreben, das Weltall
durchdringen wird. Die ganze Menschheit wird zu
» Jivanmuktas« — erlöst noch bei Lebzeiten. Durch
Eifersucht und Haß, durch Liebe und Zusammenschluß, kämpfen wir alle für dieses eine Ziel. Ein
mächtiger Strom fließt zum Weltmeere hin, uns alle
mit sich tragend, und obgleich wir bisweilen wie
Stroh oder Papierfetzen ziellos dahintreiben, wir
müssen schließlich das Meer des Lebens und der
Glückseligkeit erreichen.

DIE FREIHEIT DER SEELE

Die Katha Upanischad, deren Studium wir beendet haben, wurde viel später geschrieben als die Chandogya Upanischad. Die Sprache der Katha Upanischad ist moderner, und die Gedanken sind besser geordnet. Die Sprache der alten Upanischaden ist wie die des Hymnen-Abschnitts in den Veden altertümlich, und man muß sich manchmal den Weg durch einen Wust unnötiger Dinge bahnen, um zu den wichtigsten Lehren vorzudringen. Die rituelle Literatur, aus welcher der zweite Teil der Veden besteht, hat dieser alten Upanischad ihren Stempel aufgedrückt; ihr größerer Teil handelt vom Ritual. Auf der anderen Seite bietet das Studium dieser sehr alten Upanischad Gelegenheit, gleichsam das zeitliche Wachstum geistiger Ideen zu verfolgen. In den neueren Upanischaden hat man die geistigen Ideen gesammelt und an eine bestimmte Stelle gesetzt. Die Bhagavad Gita, zum Beispiel, die man als die letzte der Upanischaden bezeichnen darf, enthält keine Spur von rituellen Ideen. Die Gita ist wie ein Strauß schöner Blumen geistiger Wahrheiten, die aus den Upanischaden gepflückt sind. Aber in der Gita kann man das Aufstreben jener geistigen Ideen nicht studieren, noch kann man sie zu ihrem Ursprunge zurückverfolgen. Um das zu tun, muß man die Veden studieren, die infolge ihrer außergewöhnlichen Heiligkeit mehr als irgend ein Buch in der Welt vor Verstümmelung bewahrt geblieben sind. In ihnen finden wir die erhabensten und die primitivsten Gedanken, das Wesentliche und das Unwesentliche, die großartigsten Lehren und die unbedeutendsten Einzelheiten Seite an Seite, denn niemand hat gewagt, daran zu rühren.

Kommentatoren haben versucht, diese Gegensätze auszugleichen und aus alten Dingen wundervolle neue Ideen herauszulesen, geistige Ideen sogar in den allerprimitivsten Aussagen zu finden; aber die Texte blieben unverändert und bieten als solche eine ausgezeichnete Gelegenheit für das geschichtliche Studium. Es ist eine bekannte Tatsache, daß die heiligen Schriften aller Religionen nachträglichen Änderungen unterworfen waren, um sie der geistigen Entwicklung späterer Zeiten anzupassen; hier wurde ein Wort verändert, dort ein neues eingefügt, und so fort. Bei der vedischen Literatur ist das nicht der Fall, oder wenn, dann ganz unmerklich, was den großen Vorteil bietet, hier Gedanken in ihrer ursprünglichen Bedeutung studieren und ihre Entwicklung aus materialistischen in feinere und höhere geistige Gedanken verfolgen zu können, bis sie ihre erhabenste Höhe in Vedanta erreichen. Auch hier finden wir noch Beschreibungen alter Sitten und Gebräuche, die aber in den Upanischaden fast völlig

verschwinden. Die Sprache ist eigenartig, glatt im
Stil und auf das Gedächtnis berechnet. (In Aphoris-
men.)

Die Schreiber dieser Bücher machten kurze Notizen als Hilfsmittel, um sich gewisser Dinge zu erinnern, von denen man annahm, sie seien bereits allgemein bekannt. Wenn sie eine Geschichte erzählen,
halten sie es für selbstverständlich, sie sei den Personen, an die sie sich wenden, wohlbekannt. Hieraus
entstehen große Schwierigkeiten, weil wir den wirklichen Sinn kaum einer dieser Geschichten kennen.
Die Überlieferung ist fast ganz verloren gegangen,
und das Wenige, was übrig blieb, ist stark übertrie-
ben. Viele neue Auslegungen entstanden, die, wenn
man zu den Purânas kommt, bereits zu lyrischen
Gedichten geworden sind.

Wenn wir die politische Entwicklung der westlichen Völker verfolgen, finden wir die bedeutsame
Tatsache, wie diese Völker keine absolute Herrschaft
ertragen, wie sie stets zu verhindern suchen, von
einem Mann beherrscht zu werden, und so allmählich
höhere und immer höhere Ideen von Demokratie und
persönlicher Freiheit entwickeln. In der indischen
Metaphysik finden wir genau die gleiche Erscheinung in der Entwicklung des religiösen Lebens. Die
Vielzahl der Götter machte dem einen Gott des Weltalls Platz, und in den Upanischaden finden wir die
Auflehnung sogar gegen diesen einen Gott. Man fand
nicht nur die Idee vieler Herrscher im Weltall, son-

dern auch die Vorstellung einer einzigen Person, die
das Weltall regierte, unerträglich. Dies ist das erste,
was uns in die Augen fällt, und diese Idee wächst
und wächst, bis sie ihren Höhepunkt erreicht, den
schließlich fast alle Upanischaden betonen, nämlich
die Entthronung dieses Gottes des Weltalls. Die Persönlichkeit Gottes verschwindet, und das Unpersönliche erscheint an seiner Stelle. Gott ist keine Person
mehr, kein menschliches, wenn auch noch so ver-
herrlichtes und idealisiertes Wesen mehr, das die
Welt regiert, sondern Er ist zu einem in jedem
Wesen verkörperten Prinzip geworden. Es wäre un-
logisch, vom persönlichen zum unpersönlichen Gott
zu gelangen und zu gleicher Zeit den Menschen als
Person zu belassen. Der persönliche Mensch wird
gestützt und ersteht neu als ein Prinzip; die Person
ist nur die Erscheinung, und das Prinzip steht hinter
ihr. Der persönliche Gott wird dem unpersönlichen,
der persönliche Mensch dem unpersönlichen ange-
nähert. Die nachfolgenden Stufen bringen alsdann
die Konvergenz der beiden vorrückenden Linien des
unpersönlichen Gottes und des unpersönlichen Menschen, und in den Upanischaden finden wir die Stadien, in deren Verlauf diese beiden Linien schließlich zu einer werden, und das letzte Wort jeder
Upanischad ist: »DAS bist du«. Es gibt nur das *eine,
ewige, glückselige Prinzip,* und dieses *Eine* manifestiert sich in all' dieser Verschiedenheit.

Das Werk der Upanischaden scheint **an diesem**

Punkte geendet zu haben. Dann kamen die Philosophen, die das Rahmenwerk, das ihnen von den Upanischaden gegeben war, im einzelnen auszufüllen
hatten. Viele Fragen waren zu beantworten. Angenommen, es sei richtig, es existiere nur ein einziges,
unpersönliches Prinzip, das in all diesen mannigfaltigen Gestalten in Erscheinung tritt, wieso wurde
dieses Eine zu vielen? Es ist die gleiche Frage, die
sich in primitiverer Form im Menschenherzen regt,
wenn es nach der Ursache von Gut und Böse fragt,
nur etwas verfeinerter und abstrakter. Die Frage,
warum wir unglücklich sind, wird nicht mehr vom
Standpunkte der Sinne aus gestellt, sondern vom
Standpunkte der Philosophie. Wie konnte jenes Eine
vielfach werden? Wir wissen, Indien hat mit der
Maya-Theorie die beste Antwort erteilt. Diese behauptet, das Eine sei gar nicht vielfach geworden,
und habe in der Tat nichts von Seinem wahren
Wesen eingebüßt. Die Mannigfaltigkeit ist nur scheinbar; der Mensch ist nur scheinbar eine Person, in
Wirklichkeit ist er das unpersönliche Wesen. Gott
ist nur scheinbar eine Person, aber in Wirklichkeit
ist Er das unpersönliche Wesen.

Auch diese Antwort wurde nur nach und nach
gegeben, und die Philosophen wichen in ihren Meinungen von einander ab. Viele der indischen Philosophen ließen die Maya Theorie nicht gelten. Es gab
Dualisten mit einer etwas primitiven Art von Dualismus, welche die Frage gar nicht zulassen wollten

und sie im Keime erstickten. Sie sagten, man habe
kein Recht, eine solche Frage zu stellen oder eine Erklärung zu verlangen, es sei der Wille Gottes, und
dem hätten wir uns widerstandslos zu fügen. Es gäbe
keine Freiheit für die menschliche Seele, und alles
was wir tun, haben, genießen und leiden, sei voraus-
bestimmt. Es sei unsere Pflicht, Leiden geduldig zu
ertragen, und wenn wir uns dagegen auflehnen, würden wir nur um so mehr bestraft werden. Woher
wußten sie das alles? Die Veden sagen, daß es so sei.
Und sie stützen sich auf ihre Texte und ihre Auslegungen und möchten sie jedermann aufzwingen.

Andere wieder, die ebenfalls die Maya Theorie
ablehnen, bleiben auf halbem Wege stehen. Sie behaupten, die ganze Schöpfung sei gleichsam der
Körper Gottes, und Gott die Seele aller Seelen und
die Seele der gesamten Natur. Die Einzelseele zieht
sich zusammen, wenn der Mensch Übles tut, und seine
Kraft nimmt so lange ab, bis er sich guten Taten
zuwendet, die eine Ausdehnung der Seele zur Folge
haben. *Eine* Vorstellung aber scheinen alle indischen
und wohl alle Religionssysteme der Welt gemeinsam
zu haben, ob sie es wissen oder nicht, und das ist,
was wir die Göttlichkeit des Menschen nennen möchten. Es gibt keine wahre Religion, die nicht die Vorstellung hegt, daß die menschliche Seele, wie immer sie geartet, und welches immer ihre Beziehung
zu Gott sei, im Wesen rein und vollkommen ist. Dieser Gedanke wird ausgedrückt entweder in der

Sprache der Mythologie, der Allegorie oder der Philosophie. Der Seele wahres Wesen ist Macht und Glückseligkeit, und nicht Schwäche und Elend. Auf irgend eine Weise hat uns dieses Elend überfallen. Die primitiven Systeme machen daraus ein personifiziertes Übel, das sie Teufel oder Ahriman nennen, andere Systeme suchen die Erklärung in einem Wesen, das Gott und Teufel gleichzeitig ist, und das ohne jeden Grund manche glücklich und andere unglücklich macht; andere wieder, die etwas tiefer schürfen, stellen die Maya Theorie auf. Aber alle diese Ideen und Systeme sind letzten Endes doch nur Gedankenakrobatik, intellektuelle Übungen. Wir aber haben es mit dem einen großen Gedanken zu tun, der klar aus einem Wust von Aberglauben aller Länder und Religionen hervorbricht, und das ist die eine lichtvolle Idee: der Mensch ist göttlich, Göttlichkeit ist sein Wesen.

Alles andere ist nur eine »Überlagerung«, wie Vedanta es nennt. Jene göttliche Natur stirbt nie, sie ist stets gegenwärtig, sowohl im Entarteten wie im Heiligen, aber sie wird von etwas »überlagert«. Sie muß herausgerufen werden, um sich auszuwirken; sie muß gefördert werden, um sich kundzugeben. Die Alten wußten von der Gegenwart des Feuers im Feuerstein und im Holz, aber Reibung war notwendig, um es hervorzuholen. Das Feuer der Freiheit und der Reinheit ist das Wesen einer jeden Seele, nicht eine Eigenschaft, denn Eigenschaften können erworben und deshalb auch verloren werden. Freiheit und Seele, Sein und Seele, Wissen und Seele sind *eines;* das Sat-Chit-Ananda, Sein — Wissen — Wonne, ist das Wesen, ist das Geburtsrecht der Seele, und alle sichtbaren Manifestationen sind ihr Ausdruck, der manchmal trübe und manchmal hell sichtbar wird. Sogar der Tod ist nur eine Manifestation jener wahren Existenz. Geburt und Tod, Werden und Vergehen, Verfall und Wiedergeburt, sie alle sind Offenbarungen jener Einheit. Wissen, ob es sich nun als Unwissenheit oder als Gelehrsamkeit kundgibt, ist nur die Offenbarung jenes einen »Chit«, dem Inbegriff alles Wissens; der Unterschied besteht im Grade und nicht in der Art. Zwischen dem Wissen des kleinsten Wurms, der unter unseren Füßen kriecht, und dem des größten Genies, das die Welt hervorbringen mag, ist nur ein Gradunterschied, aber kein Artunterschied. Der vedantische Denker behauptet, alle Freuden dieses Lebens, auch die niedrigsten, seien nur die Manifestation der einen göttlichen Glückseligkeit, die das Wesen der Seele ist.

Dies scheint der leitende Gedanke im Vedanta und in allen Religionen zu sein, es ist die allumfassende Idee, die durch alle Religionen wirksam ist. In der Bibel finden wir die allegorische Darstellung des ersten Menschen Adam, der ursprünglich rein war und seine Reinheit durch sein Verhalten später verlor. Durch diese Allegorie wird dem Gedanken Ausdruck verliehen, daß die Natur des primitiven

Menschen vollkommen war. Die Unreinheiten, die wir
sehen, die Schwächen, die wir fühlen, »überlagern«
nur jene Vollkommenheit. Die Geschichte der christlichen Religion beweist: auch sie glaubt an die Wie-
dererlangung dieses Zustandes, nein, sie ist dessen
sicher. Die ganze Bibel, das Alte und das Neue
Testament, handelt davon; die Mohammedaner glauben an die Reinheit Adams und an die Wiedergewinnung dieses verlorenen Zustandes durch Mohammed.
Die Buddhisten glauben an das Nirwana jenseits der
relativen Welt, das genau dasselbe ist wie das Brahman des Vedantisten; das ganze System der Buddhisten ist auf der Idee der Wiedergewinnung des verloren gegangenen Nirwana aufgebaut. Alle Systeme
enthalten die Lehre: wir brauchen nichts zu erwerben, weil es bereits unser Eigen ist, wir verdanken
niemandem in der Welt etwas, weil wir nur unser
eigenes Geburtsrecht beanspruchen. Ein großer Ve-
danta-Philosoph drückt diese Wahrheit sehr poetisch
in einem Buchtitel aus: »Die Besitzergreifung unseres
eigenen Reiches *«. Dieses Reich ist unser, wir haben
es verloren und müssen es wiedergewinnen. Der Anhänger der Maya-Theorie aber behauptet, der Ver-
lust des Reiches sei nur eine Einbildung, wir hätten
es nie verloren, und nur in diesem Punkte unterscheidet er sich von den anderen.

Alle Systeme sagen übereinstimmend, daß wir das
Reich verloren haben, und es wiedererobern müssen,

* Svarajyasiddhi.

jedoch die Ratschläge, wie es wiederzugewinnen ist,
lauten verschieden. Die einen sagen, wir müßten gewisse Zeremonien vollführen, oder Geldsummen an
gewisse Götzenbilder abführen, oder eine ganz bestimmte Nahrung genießen und in einer ganz bestimmten Weise leben. Andere behaupten, wir würden das Ziel erreichen, wenn wir weinen, uns demütigen und irgend ein Wesen jenseits der Natur um
Verzeihung anflehen, und wieder andere raten uns,
ein solches Wesen von ganzem Herzen zu lieben. All'
diese verschiedenen Ratschläge finden wir in den
Upanischaden; aber der letzte und großartigste Ratschlag sagt, daß wir weder zu weinen noch Zeremonien zu vollführen haben, noch überhaupt der Frage
der Wiedergewinnung des Reiches irgend welche Beachtung zu schenken brauchen, weil wir es nie verloren haben. Warum sollten wir etwas suchen, was wir
nicht verloren haben? Wir sind schon rein, wir sind
bereits frei. Wenn wir den festen Glauben haben, frei
zu sein, sind wir schon frei; und wenn wir glauben,
wir seien gebunden, sind wir gebunden. Das ist eine
kühne Feststellung, die vielleicht viele stutzig macht;
aber wenn wir darüber nachdenken und die Erfahrung in unserem eigenen Leben machen, werden wir
wissen, dies ist die Wahrheit. Wenn jene Freiheit
nicht unsere wahre Natur wäre, könnten wir niemals
frei werden, denn nehmen wir einmal an, wir wären
frei gewesen und hätten diese Freiheit durch irgendwelche Umstände verloren, so würde das beweisen,

daß wir von allem Anfang an nicht frei waren. Wenn
wir wirklich frei waren, wodurch sollten wir die
Freiheit einbüßen? Das Unabhängige kann niemals
abhängig werden, und wenn es abhängig wird, dann
war seine Unabhängigkeit nur Wahn.

Entweder wir glauben, die Seele sei ihrem Wesen
nach rein und frei, dann kann nichts in der Welt sie
binden oder beschränken; oder wir glauben, die
Natur könne die Seele binden, dann folgt daraus
unweigerlich, daß die Seele nie frei war, und die
Feststellung, sie sei frei gewesen, war ein Trugschluß.
Wenn es also möglich ist, die Freiheit zu erlangen,
so muß Freiheit das Wesen der Seele sein; es kann
nicht anders sein. Freiheit bedeutet Unabhängigkeit,
und das heißt, von keiner äußeren Ursache berührt
werden. Die Seele ist ursachlos, und alle erhabenen
Gedanken, die wir denken, stützen sich auf diese
Idee. Nur wenn die Seele ihrer Natur nach frei ist,
kann man die Idee ihrer Unsterblichkeit aufrecht
erhalten; mit anderen Worten, nichts kann auf die
Seele von außen her in irgendeiner Weise einwirken.
Der Tod jedoch ist eine Wirkung, die durch eine
äußere Ursache hervorgerufen wird. Wenn jemand
Gift nimmt und stirbt, so deutet dies auf eine Wirkung hin, welcher der Körper von außen her aus-
gesetzt war. Aber wenn die Seele wah haft frei ist,
kann nichts auf sie wirken, sie muß daher unsterblich sein. Freiheit, Unsterblichkeit, Glückseligkeit
sind nur möglich, wenn die Seele jenseits des Geset-

zes von Ursache und Wirkung, jenseits von Maya, ist.
Welche von den beiden Auffassungen wollen wir uns
zu eigen machen? Eine muß auf Täuschung beruhen.
Unser ganzes Fühlen und Sehnen jedoch sagt: unsere
Natur ist Freiheit und nicht Gebundenheit. Wir tra-
gen das Bewußtsein der Freiheit in uns und können
nicht zugeben, Knechtschaft sei unser Los und die
Freiheit ein Wahn.

Dieses Thema bildet den Gegenstand der Diskus-
sion in dieser oder jener Form in allen Philosophien,
selbst in denen jüngsten Datums. Die eine Partei
sagt: es gibt keine Seele, die Idee von der Seele ist
Wahn, verursacht durch den sich ständig wieder-
holenden Durchgang von Stoffteilchen; dieser Prozeß erzeugt eine Kombination, die wir Körper oder
Gehirn nennen. Der Eindruck der Freiheit entsteht
durch die Schwingungen und Bewegungen und den
ununterbrochenen Durchgang dieser Materieteilchen.
Es gab buddhistische Sekten, die gleicher Ansicht
waren und sie durch folgendes Beispiel illustrierten:
wenn man eine Fackel sehr schnell im Kreise herum-
dreht, entsteht der Eindruck eines Lichtkreises. In
Wirklichkeit existiert kein Kreis, da ja die Fackel
ihre Stellung in jedem Augenblicke verändert. Genau
so sind wir nur Bündel von Materieteilchen, die
durch den raschen Wirbel, in dem sie sich befinden,
die Täuschung einer dauernden Seele hervorrufen. —
Die andere Partei behauptet, durch die rapide Folge
von Gedanken werde die Täuschung von Materie

hervorgerufen, die aber in Wirklichkeit gar nicht
existiert. Die eine Seite sagt demnach, Geist sei eine
Täuschung, während für die andere Seite Materie
eine Täuschung ist. Wir glauben natürlich an den
Geist und verneinen die Materie. Die Beweisgründe
sind ein wenig stärker auf unserer Seite, denn niemand weiß, was Materie eigentlich ist. Außerdem ist
die Geisttheorie imstande, das Weltall zu erklären,
der Materialismus aber nicht. Alle Philosophien lassen sich im Grunde auf eine der beiden genannten
Anschauungen zurückführen. Wir finden uns hier
vor die gleiche Frage gestellt, wenn auch in etwas
verwickelter Form, die Frage nach natürlicher Reinheit und Freiheit.

Vedanta sagt: wir sind nicht gebunden, sondern
frei von jeher; auch nur zu sagen oder zu denken,
wir seien gebunden, ist ein gefährlicher Irrtum, eine
Autosuggestion. Weh' uns, wenn wir sagen: »Ich bin
gebunden, ich bin schwach, ich bin hilflos«, wir
schmieden uns eine neue Kette! Wir dürfen es weder
sagen, noch denken. Man erzählt sich von einem
Manne, der in einem Walde lebte und Tag und
Nacht wiederholte: »Shivoham« — »Ich bin Er, der
Begnadete«. Als ihn ein Tiger wegschleppte, hörten
ihn Leute sagen, solange er sprechen konnte: »Shivoham«, selbst im Rachen des Tigers. Es hat viele
solcher Menschen gegeben, die, während man sie in
Stücke riß, ihre Feinde segneten: »Ich bin Er, ich bin
Er, und so bist du. Ich bin rein und vollkommen, und

so sind meine Feinde. Du bist Er und so bin ich.« Das ist Stärke.

Nichtsdestoweniger enthalten auch die dualisti-schen Religionen erhabene und ausgezeichnete Ideen, zum Beispiel die Idee des persönlichen Gottes, der von der Natur getrennt ist, den wir anbeten und lie-ben. Zu Zeiten ist dieser Gedanke sehr wohltuend. Vedanta aber sagt, dieses Wohltun sei nicht natür-lich, sondern verursache, wie die Wirkung des Rauschgiftes, auf die Dauer nur Schwäche; aber die Welt von heute braucht mehr denn je zuvor Stärke. Schwäche, sagt Vedanta, ist die Wurzel des Elends in der Welt, ist die einzige Ursache des Leidens. Wir leiden Not, weil wir schwach sind, wir lügen, stehlen, töten und begehen Verbrechen, weil wir schwach sind. Wenn nichts uns schwächen könnte, würden wir weder Kummer noch Tod kennen. Wir sind ver-blendet; geben wir die Täuschung auf, und unser Elend wird verschwinden. Alles ist so einfach und klar. Auf dem Wege über philosophische Streitfragen und umständliche Dialektik gelangen wir schließlich zu der einzigen religiösen Idee, der einfachsten in der Welt. Im Monismus des Vedanta ist die Wahrheit auf die einfachste Form gebracht.

Es war ein großer Fehler, in Indien und anderswo Dualismus zu predigen, weil sich dadurch jeder nur mit dem sehr verwickelten Weltvorgang befaßte, aber die grundlegenden Prinzipien aus dem Auge verlor. Viele scheuten vor diesen philosophischen und logi-

schen Auseinandersetzungen zurück, und waren der
Auffassung, diese Dinge könnten nie Allgemeingut
werden, seien im täglichen Leben nicht verwertbar
und würden eine lockere Lebensauffassung zur Folge
haben. Es ist aber gar nicht einzusehen, warum das
Predigen monistischer Ideen unmoralisch und schwä-
chend auf die Welt wirken sollte, im Gegenteil, es ist
anzunehmen, daß sie das einzige Heilmittel sind.
Wenn dies die Wahrheit ist, warum sollte man Menschen Wasser aus der Gosse zu trinken geben, während der Strom des Lebens an uns vorbei fließt?
Wenn es wahr ist, daß alle rein sind, warum soll
man es nicht der ganzen Welt sagen? Warum es nicht
mit Donnerstimme allen Menschen verkünden, Heiligen und Sündern, Männern, Frauen und Kindern, dem
König auf dem Thron, wie dem Straßenkehrer?

Im Augenblick mag es schwierig und mühevoll
sein, weil der Aberglaube zu stark eingewurzelt ist.
Wir haben so lange verdorbene und unverdauliche
Nahrung zu uns genommen, oder gehungert, daß wir
keine reichliche Mahlzeit mehr vertragen. Seit unserer Kindheit haben wir Lehren der Schwäche vernommen. Wir behaupten, wir glaubten nicht an Ge-
spenster, aber die meisten überkommt im Dunkeln
trotzdem ein leichtes Gruseln. Es ist Aberglaube, und
in der Religion herrscht der gleiche Aberglaube.
Wenn man Leuten sagt, es gebe keinen Teufel, meinen sie, es sei um die Religion geschehen. Sie können
Religion ohne einen Teufel nicht erfassen, oder ohne je-

mand, der sie am Gängelband führt und beaufsichtigt; sie sind seit ihrer Jugend daran gewöhnt und fühlen sich nicht glücklich, wenn sie nicht täglich vermahnt werden. Aber die Zeit wird kommen, da ein jeder von uns lächelnd auf all den Aberglauben zurückblicken wird, der die reine und unsterbliche Seele bedeckte, da wir mit freudiger Überzeugung und Begeisterung ausrufen werden: »Ich bin frei, ich war frei und werde ewig frei sein.« Vedanta wird diese monistische Idee der Welt bringen, denn es ist die einzige Idee, die zu existieren verdient; mögen die heiligen Schriften morgen zugrunde gehen! Es ist gleichgültig, ob diese Idee zuerst bei den Hebräern aufblitzte oder bei einem Volk, das in den arktischen Regionen lebte. Es ist die Wahrheit, und die Wahrheit ist ewig; und die Wahrheit selbst lehrt, daß sie nicht das Eigentum einer Person oder eines Volkes sein kann. Laßt Tiere, Menschen und Götter die Wahrheit empfangen.

Dualistische Ideen haben die Welt lange genug beherrscht. Mit welchem Ergebnis? Warum nicht einen neuen Versuch machen? Es mag Menschenalter dauern, bis alle für den Monismus reif sind, aber warum nicht jetzt beginnen? Wenn wir es zwanzig Leuten predigen, haben wir ein großes Werk vollbracht. Einer der Gründe für die Ablehnung der monistischen Idee ist ihre vermeintliche Undurchführbarkeit im Leben. Ich mag wohl sagen: »ich bin der Reine, der Erhabene«, aber kann ich es durch mein Leben beweisen? Das ist richtig; das Ideal ist stets schwer erreichbar. Soll das Kind nicht zum Himmel aufschauen, weil er weit weg ist? Macht der Aberglaube etwas besser? Sollen wir Gift trinken, weil wir keinen Nektar haben können? Sollen wir in Finsternis wandeln, Schwäche und Aberglauben verfallen, weil wir die Wahrheit nicht sofort verwirklichen können?

Gegen manche Formen des Dualismus ist nichts einzuwenden, aber unsere Bedenken richten sich gegen jedes System, das Schwäche verkündet. Jeden Mann, jede Frau und jedes Kind, ob sie sich physischer, psychischer oder geistiger Disziplin unterziehen, sollte man zuerst fragen: »Bist du stark? Fühlst du Kraft in dir?« Die Wahrheit allein gibt uns Kraft, die Wahrheit allein gibt uns Leben. Nur der Weg, der zur Wirklichkeit führt, kann uns diese Kraft geben, und der Starke allein kann die Wahrheit erlangen. Alle Lehren, die uns schwächen, uns abergläubisch machen, uns niederdrücken und uns mit allerlei Phantasien und Geheimnistuerei einlullen wollen, sind gefährlich; sie machen uns so schwach und ängstlich, daß wir schließlich unfähig werden, die Wahrheit zu erfassen und ihr nachzuleben. Stärke ist es, was wir brauchen, Kraft ist die Medizin für die Weltkrankheit. Sie ist das Heilmittel für den Armen, den der Reiche unterdrückt, für den Unwissenden, den die gebildeten Klassen tyrannisieren, und für die Sünder, die von anderen Sündern vergewaltigt werden. Jene Idee des Monismus kann uns diese Kraft geben. Unser Bestes und Höchstes geben wir, wenn alle Verantwortung uns selbst aufgebürdet wird.

Wie werden wir uns verhalten, wenn jemand ein kleines Kind in unsere Arme legt? Unser ganzes Leben wird sich verändern, denn, wer wir auch sein mögen, wir müssen, zumindest für eine gewisse Zeit, selbstlos werden. Sobald wir selbst die Verantwortung haben, werden wir verbrecherische Gedanken aufgeben. Unser Charakter wird sich ändern, wenn wir uns nicht auf andere verlassen, keinem Teufel die Schuld zuschreiben und keinem Gott unsere Last aufbürden können. Ich bin verantwortlich für mein Schicksal, ich bin es, der mir Gutes tut, und ich bin es, der mir Böses zufügt. Ich bin der Reine, der Begnadete.

»Ich kenne weder Furcht noch Tod, ich habe weder Kaste noch Glauben, weder Vater, noch Mutter; weder Bruder, noch Freund oder Feind, ich bin Sein — Wissen — Wonne; ich der begnadete, der glückselige Eine. Mich bindet nicht Tugend noch Laster, nicht Glück noch Unglück, nicht Wallfahrten, nicht Bücher, nicht Zeremonien. Ich kenne nicht Hunger noch Durst; der Körper ist nicht mein; ich kenne nicht Aberglauben, noch des Leibes Verfall. Ich bin Sein — Wissen — Wonne. Ich bin der begnadete, glückselige Eine *.«

* Shankara, Nirvanashakta.

Kein anderes Gebet als dieses sollten wir beten,
sagt Vedanta. Wenn wir uns selbst und allen anderen
sagen, daß wir göttlich sind, werden wir das Ziel erreichen. Je öfter wir es wiederholen, desto stärker
werden wir sein. Wer zuerst strauchelt, wird allmählich stark und stärker werden. Die Stimme wird an
Kraft gewinnen, bis die Wahrheit von unseren Herzen Besitz ergreift, durch unsere Adern fließt und
unsere Körper durchdringt. Verschwinden wird der
Wahn, und das Licht wird hell und heller strahlen;
die schwere Bürde der Unwissenheit wird von uns
genommen werden, und die Zeit wird kommen, da
die Sonne allein strahlen wird.

UNSTERBLICHKEIT

Keine Frage ist öfter gestellt worden, und keine ist dem Herzen des Menschen näher und teurer, und so untrennbar mit seinem Dasein verbunden, als die Frage nach der Unsterblichkeit der menschlichen Seele. Sie war das Thema der Dichter und Denker, der Priester und Propheten; Könige auf dem Throne durchdachten sie, Bettler in der Straße träumten von ihr; die Besten der Menschheit wandten sich ihr zu, und die Geringsten der Menschheit setzten ihre Hoffnung auf sie. Das Interesse an diesem Thema ist nicht erloschen und wird nicht erlöschen, solange Menschen existieren. Verschiedene Antworten wurden erteilt, während Tausende zu allen Zeiten der Geschichte auf eine Erörterung der Frage verzichteten. Aber die Frage bleibt ewig neu.

In der Unruhe und im Kampfe unseres Lebens vergessen wir sie scheinbar, aber plötzlich stirbt jemand, vielleicht jemand, den wir liebten und der unserem Herzen nahe und teuer war, und da schweigt der Kampf und der Lärm um uns, und die Seele stellt die alte Frage: »Was kommt nachher, was wird aus der Seele?«

Alles menschliche Wissen beruht auf Erfahrung, Beweisführungen gründen sich auf verallgemeinerte

Erfahrung, und Wissen ist nichts anderes als über-
einstimmende Erfahrung. Um uns blickend, finden
wir unaufhörlichen Wechsel. Die Pflanze entsteht
aus dem Samen, wird zum Baume, vollendet den
Kreis, und kehrt zum Samen zurück. Das Tier wird
geboren, lebt eine gewisse Zeit, stirbt und vollendet
den Kreis; ebenso der Mensch. Berge werden langsam aber sicher zerrieben, Flüsse trocknen allmählich aus, Regen entsteht aus dem Meere und kehrt
zum Meere zurück. Überall sehen wir die Kreise sich
vollenden: Geburt, Wachstum, Entwicklung und
Verfall folgen sich mit mathematischer Genauigkeit.
Dies ist unsere tägliche Erfahrung.

Inmitten dieser mächtigen Fülle, Leben genannt,
hinter Millionen von Formen und Gestalten und
Aber-Millionen von Verschiedenheiten, angefangen
vom niedrigsten Atom bis hinauf zum höchsten ver-
geistigten Menschen, finden wir eine Einheit. Die
Mauer, von der wir annahmen, sie trenne eines vom
andern, sehen wir niederbrechen; alle Materie wird
von der modernen Wissenschaft als *eine* Substanz
anerkannt, die sich in verschiedener Weise und in
verschiedenen Formen kundgibt. *Ein* Leben durchzieht alles wie eine ununterbrochene Kette, deren
Glieder aus all diesen verschiedenen Formen gebildet sind, Glied an Glied, sich fast ins Endlose er-
streckend, aber alle *einer* Kette angehörend. Dies ist
es, was wir Entwicklung nennen. Es ist eine alte, alte
Idee, so alt wie die menschliche Gesellschaft, nur

wird die Idee mit dem Fortschritt des menschlichen Wissens lebendiger und lebendiger.

Aber es kommt etwas hinzu, das die Alten begriffen, was aber in unseren Zeiten nicht so klar verstanden wird, und was wir die Einwickelung nennen möchten. Der Samen wird zu einer Pflanze, aber ein Sandkorn kann nie eine Pflanze werden. Der Vater kann ein Kind hervorbringen, ein Erdklumpen kann es nicht. Die Frage ist: woher kommt Entwicklung? Der Same war dasselbe wie der Baum, denn alle Zukunftsmöglichkeiten eines Baumes sind im Samen enthalten; alle Möglichkeiten des zukünftigen Mannes sind im Säugling enthalten, alle Möglichkeiten des zukünftigen Lebens sind im Keime enthalten. Was ist das? Die alten indischen Philosophen nannten es Einwickelung. Wir finden demnach, daß jede Entwicklung eine Einwickelung voraussetzt. Nur etwas, das schon vorhanden ist, kann sich entwickeln. Hier kommt uns die moderne Wissenschaft wiederum zu Hilfe. Wir wissen durch mathematischen Schluß, daß die Gesamtsumme der im Weltall wirkenden Energie immer die gleiche ist; man kann nicht ein Atom Materie oder Kraft wegnehmen oder hinzufügen. Die Entwicklung kann also nicht aus nichts kommen. Woher kommt sie dann? Aus einer vorhergegangenen Einwickelung. Das Kind ist der eingewickelte Mann, und der Mann ist das entwickelte Kind. Der Samen ist der eingewickelte Baum, und der Baum ist der entwickelte Samen. Alle Möglichkeiten des Lebens sind bereits im Keime enthalten.

Das Problem wird so etwas leichter verständlich, und wir können es nunmehr in Verbindung mit unserer ersten Idee von der Fortdauer des Lebens betrachten. Vom niedersten Protoplasma bis zum höchsten, vollkommenen menschlichen Wesen existiert in Wirklichkeit nur *ein* Leben. So wie wir in einem Leben die verschiedenen Phasen — Säugling, Kind, Jüngling, Mann, Greis — durchlaufen, so existiert vom Protoplasma zum vollkommenen Menschen ein ununterbrochenes Leben, eine Kette. Dies ist die Entwicklung, die aber, wie wir gesehen haben, eine Einwickelung zur Voraussetzung hat. Diese Lebenskette, die sich allmählich manifestiert, entwickelt sich vom Protoplasma zum vollkommenen Menschen — der Verkörperung Gottes auf Erden — diese ganze Reihe ist nur *ein* Leben, und die Gesamtheit dieser Manifestation muß im Protoplasma eingewickelt gewesen sein. Dieser Gott auf Erden, der höchste Ausdruck, muß im Keime bereits in winziger Form vorhanden gewesen sein, woraus er langsam zum Vorschein kam und sich ganz allmählich kundgab. Diese eine Kraft, diese ganze Kette ist deshalb die Einwickelung jenes kosmischen Lebens, das sich überall befindet. Es ist diese eine Intelligenz, die sich ganz langsam und allmählich vom Protoplasma zum vollkommenen Menschen aufrollt. Sie wächst nicht etwa; wir müssen uns jede Vorstellung von Wachstum aus dem Kopfe schlagen. Mit der Vorstellung von Wachstum verbindet sich etwas von außen Kommendes, etwas Fremdes, das im Widerspruch steht zu dem in jedem Leben verborgen liegenden, von äußeren Bedingungen unabhängigen Unendlichen. Es kann niemals wachsen; es war immer da und offenbart sich nur.

Die Wirkung ist die sichtbar gewordene Ursache. Es besteht keine Wesensverschiedenheit zwischen Ursache und Wirkung. Die Wirkung ist nur die Ursache in einer veränderten Form und Zusammensetzung. Wenn die Ursache sich verändert und für eine gewisse Zeit begrenzt wird, so wird sie die Wirkung. Wenn wir dies auf unsere Idee vom Leben anwenden, dann ist die gesamte Manifestationsreihe vom Protoplasma zum vollkommenen Menschen nichts anderes als eben dieses kosmische Leben. Dieses war eingefaltet, und aus einem feinen, kaum wahrnehmbaren Zustande entfaltete es sich und wurde sichtbar und gröber.

Aber die Frage der Unsterblichkeit ist damit noch nicht entschieden. Wir haben gesehen, nichts im Weltall kann zerstört werden: es gibt nichts Neues und wird nichts Neues geben; die gleiche Reihe von Manifestationen erscheint abwechselnd, wie an einem Rade, aufsteigend und niedergehend. Jede Bewegung im Universum erfolgt in Wellen, steigend und fallend. Systeme auf Systeme entstehen aus feinen Formen, entwickeln sich zu gröberen, sichtbaren Formen, bilden sich wieder zurück zu den feinen Formen, nur um aus diesen neuerlich aufzusteigen, und

wiederum zur Ursache zurückzukehren. Jede Kundgebung des Lebens entsteht und vergeht auf diese
Weise. Was vergeht? Die Form; es ist die Form, die
in Stücke bricht und sich wiederum neu bildet. In
diesem Sinne sind sogar Körper und Formen ewig.
Nehmen wir an, wir werfen eine Anzahl von Würfeln, und die Zahlen 6 - 5 - 3 - 4 fallen. Wenn wir
wieder und wieder würfeln, muß sich nach einer
gewissen Zeit dieselbe Zahlenkombination wiederholen. Jeder Teil und jedes Atom in diesem Weltall sind wie Würfel, die geworfen werden und sich
wieder und wieder zu Kombinationen zusammenfügen. Alle Formen, die wir um uns sehen, sind eine
Kombination, wie zum Beispiel dieses Glas, der
Tisch, der Krug, das Wasser, die irgendwann alle
zerbrechen werden. Es muß aber eine Zeit kommen,
da sich genau die gleiche Kombination wiederholen
wird, die gleichen Formen wieder da sein werden und
das gleiche Thema besprochen werden wird. Dies war
schon unzählige Male vorher da und wird sich unzählige Male wiederholen. Wir sehen also, sogar die Kombinationen physischer Formen wiederholen sich ewig.

Auf Grund dieser Theorie läßt sich die Tatsache
erklären, daß manche Menschen die Vergangenheit
lesen und die Zukunft voraussagen können. Niemand
könnte die Zukunft voraussagen, wenn sie nicht
irgend einem Gesetz unterworfen wäre. Wir alle kennen das Riesenrad, das auf Festplätzen zu sehen ist.
Das Rad dreht sich, und seine kleinen Kabinen er-

scheinen regelmäßig eine nach der anderen. Eine
Gruppe von Personen steigt ein, fährt im Kreise
herum und steigt aus, um einer neuen Personen-
gruppe Platz zu machen. Jede Gruppe kann man mit
einer jener Manifestationen vergleichen, vom niedersten Tier zum höchsten Menschen. Die Natur ist wie
die Kette des Rades, unendlich, und die kleinen Kabinen sind die Körper und Formen, in denen die Gruppen von Seelen höher und höher steigen, bis sie vollkommen sind und aussteigen. Aber das Rad geht
weiter, und solange sich Körper im Rade befinden,
kann mit mathematischer Genauigkeit vorausgesagt
werden, wohin sie gehen; aber nicht von den Seelen.
Es ist also möglich, Vergangenheit und Zukunft mit
Genauigkeit zu lesen, denn dieselben materiellen
Erscheinungen wiederholen sich zu gewissen Perio-
den, und dieselben Kombinationen haben von Ewigkeit her bestanden.

Keine Kraft geht verloren, keine Materie wird
vernichtet, in immer wechselnder Form wirken sie
bald hier, bald dort, bis sie zur Ausgangsquelle zurückkehren. Es gibt keine Bewegung in gerader
Linie, sondern alles bewegt sich im Kreise. Eine
Gerade, ins Unendliche gezogen, wird zum Kreise.
Wenn das so ist, dann kann auch keine Seele für
ewig verloren sein, denn alles muß den Kreis vollenden und zur Quelle zurückkehren. In der Besprechung über Entwicklung und Einwickelung haben wir gefunden: wir, und alle diese Seelen seien

ein Teil des kosmischen Bewußtseins, des kosmischen Lebens, des kosmischen Geistes, der eingewickelt war, und wir müssen den Kreis vollenden und zurückkehren zu jener kosmischen Intelligenz, die Gott ist. Es ist diese kosmische Intelligenz, die von den Menschen Herr, oder Gott, oder Christus, oder Budda, oder Brahman genannt wird, welche die Materialisten als Kraft und die Agnostiker als jenes unendliche, unaussprechliche Jenseitige bezeichnen.

Aber alle Zweifel sind noch nicht beseitigt. Es ist wohl richtig, daß es keine Vernichtung irgend einer Kraft geben kann, aber alle Kräfte und Formen sind Kombinationen. Alles, was zusammengesetzt ist, alles, was im Weltall das Ergebnis einer Kombination von Kraft und Stoff ist, muß früher oder später in seine Bestandteile auseinanderfallen. Was immer das Ergebnis gewisser Ursachen ist, muß vergehen; es wird zerstört, zerbrochen, zerstreut und in seine Bestandteile aufgelöst. Die Seele jedoch ist weder Kraft, noch Gedanke: sie bringt den Gedanken und den Körper hervor, aber sie ist nicht der Gedanke oder der Körper. Der Körper kann nicht die Seele sein, denn er besitzt keine Intelligenz. Ein Leichnam oder ein Stück Fleisch ist nicht intelligent. Was versteht man unter Intelligenz? Die Fähigkeit zu reagieren.

Wir wollen uns mit der Frage etwas näher beschäftigen. Wir sehen einen Krug vor uns stehen. Wieso? Vom Krug ausgehende Lichtstrahlen treffen

auf unsere Augen und rufen ein Bild auf der Netz-
haut hervor, das dem Gehirn zugetragen wird. Aber
noch sehen wir ihn nicht. Die sensorischen Nerven
— so nennen sie die Physiologen — tragen den
empfangenen Eindruck nach innen; bisher ist noch
keine Reaktion entstanden. Das Nervenzentrum im
Gehirn leitet den Eindruck weiter zu unserem Denkorgan und erst wenn dieses reagiert, leuchtet das
Bild des Kruges vor uns auf. Wir wollen ein ganz
alltägliches Beispiel nehmen. Jemand hört uns aufmerksam zu, und ein Moskito setzt sich auf seine
Nase. Aber die Gedanken des Zuhörers sind voll-
ständig von unserem Vortrage in Anspruch genommen, und das Moskito bleibt unbemerkt. Es sticht,
die Nerven tragen eine gewisse Empfindung dem Gehirn zu, aber das Denkorgan, anderweitig beschäftigt,
reagiert nicht, und die Anwesenheit des Moskito
bleibt unbemerkt. Nur wenn wir auf einen neuen
Eindruck reagieren, fühlen wir, sehen wir, hören wir
und so fort. Mit dieser Reaktion erst kommt die Erleuchtung, wie die Sankya Philosophen es nennen.
Der Körper kann nicht erleuchten, denn wir müssen
unsere Gedanken auf einen Vorgang lenken, damit
eine Sinnesempfindung stattfinden kann.

Es sind Fälle bekannt, in denen ein Mann eine
Sprache sprechen konnte, die er nie erlernt hatte.
Nachforschungen ergaben, der Betreffende hatte als
Kind unter Leuten gelebt, die diese Sprache redeten.
Die Eindrücke waren in seinem Gehirn zurückge-

blieben. Hier blieben sie aufgespeichert, bis sie durch
irgend einen Anlaß zum Bewußtsein durchbrachen,
und dem Manne die Fähigkeit verliehen, diese Sprache zu sprechen. In diesem Falle war die Sprache
im Bewußtsein aufgespeichert, jedoch unbewußt oder
unterbewußt, und erst zu gegebener Zeit wurde der
Betreffende sich seiner Kenntnis bewußt. Sinn und
Denkorgan allein genügen also nicht, sie stehen im
Dienste eines Anderen, der seine Macht in einem von
ihm gewählten Augenblicke anwendet.

Wir bestehen erstens aus dem Körper, zweitens
aus dem psychischen Organismus, dem sogenannten
feinen Leib, hinter dem drittens das Selbst des Menschen steht, in Sanskrit Atman genannt. Der Atman
ist der Erleuchter, der psychische Apparat ist das
Instrument in Seinen Händen, dessen Er sich bedient,
um auf die äußeren Werkzeuge zu wirken und Wahrnehmung zustande zu bringen. Die äußeren Werkzeuge empfangen die Eindrücke und tragen sie den
Organen zu. Augen und Ohren sind nur Empfänger,
und es sind die Innenorgane, die Gehirnzentren, in
Sanskrit Indriyas genannt, die reagieren. Sie leiten
die Empfindungen über das Denkorgan der Gesamtheit der psychischen Faktoren, in Sanskrit Chitta
genannt, zu. Chitta ist der Apparat der Erkenntnis-
organe, der dem Selbst die Erkenntnis der Außen-
dinge vermittelt, ist aber selbst erkenntnislos. Der
wahre Erkenner, der wahre Herrscher, der Schöpfer
und Leiter des Ganzen ist das Selbst des Menschen.

Das Selbst des Menschen ist also weder der Körper, noch das Denkwerkzeug. Es kann keine Zusammensetzung sein, denn alles, was zusammengesetzt ist, kann man sehen oder sich vorstellen. Das, was wir weder wahrnehmen, noch uns vorstellen können, was wir nicht zusammenfügen können, ist weder Kraft noch Materie, weder Ursache noch Wirkung; es kann nicht zusammengesetzt sein. Der Bereich des Zusammengesetzten liegt innerhalb der Welt unseres Verstandes und unserer Gedanken und kann jenseits dieser Welt nicht bestehen. Es liegt innerhalb des Bereiches der Gesetze, und wenn es etwas jenseits dieses Bereiches gibt, kann es keine Zusammensetzung sein. Das wahre Selbst des Menschen liegt jenseits des Kausalitätsgesetzes und kann daher nicht zusammengesetzt sein. Es ist ewig frei, und der Herrscher über alles Gesetzmäßige. Es kann niemals sterben, denn Tod heißt die Rückkehr zu den Bestandteilen, und das, was nicht aus Teilen besteht, kann niemals sterben.

Wir wissen jetzt, dieses Selbst, das jenseits unserer kleinen Welt von Kraft, Materie und Gedanken liegt, ist ein Einfaches, und als ein Einfaches kann es nicht sterben. Was nicht sterben kann, kann auch nicht leben, denn Leben und Tod sind die beiden Seiten derselben Münze. Leben ist ein anderer Name für Tod, und Tod für Leben. Eine gewisse Art von Kundgebung nennen wir Leben und eine andere Art von Kundgebung der gleichen Sache nennen wir Tod. Wenn die Welle steigt, heißt sie Leben, wenn sie fällt,

heißt sie Tod. Was jenseits des Todes steht, muß auch
jenseits des Lebens stehen.

Wir müssen auf unsere erste Schlußfolgerung zu-
rückkommen, die besagt, die Seele des Menschen
sei ein Teil jener existierenden kosmischen Kraft, die
Gott genannt wird. Nun finden wir, sie steht jenseits
von Leben und Tod. Wir wurden also nie geboren,
noch werden wir je sterben. Aber wir sehen doch
Geburt und Tod täglich um uns! Diese betreffen ausschließlich den Körper, denn die Seele ist raumlos.
Wie ist das möglich?, mögen wir uns fragen. Wir
sehen eine Unzahl von Menschen um uns und wollen
behaupten, die Seele sei raumlos. Aber wie könnte
etwas, das jenseits des Gesetzes, jenseits von Ursache
und Wirkung steht, begrenzt sein? Ein Gegenstand
ist beschränkt; er kann nicht allgegenwärtig oder
raumlos sein, weil die umgebende Materie ihn zwingt,
jene Form anzunehmen und ihm nicht gestattet, sich
auszudehnen. Er ist bedingt durch alles, was ihn
umgibt und daher begrenzt. Aber wie könnte das begrenzt sein, was jenseits der Gesetze ist, wo es keiner
Einwirkung unterworfen sein kann? Es muß allgegenwärtig oder raumlos sein.

Wir sind überall im Weltall. Aber wieso sind wir
geboren und wieso werden wir sterben? Dies ist die
Sprache des Nichtwissens, es sind Halluzinationen
des Gehirns. Weder wurden wir geboren, noch werden wir sterben. Wir hatten keine Geburt, noch werden wir eine Wiedergeburt haben, wir hatten kein

Leben und werden keine Inkarnationen haben. Was heißt das: wir kommen und gehen? Alles dies ist Unsinn! Es ist eine Sinnestäuschung, hervorgerufen durch die Veränderungen in unserem feinen Körper. Eine Wolke zieht am Mond vorbei, und wir glauben, der Mond bewegt sich. Wenn wir in einem Zug sitzen, glauben wir, das Land fliegt vorbei, oder wenn wir im Boot fahren, glauben wir, das Wasser bewegt sich. In Wirklichkeit gehen wir nicht, noch kommen wir, weder sind wir geboren, noch werden wir wiedergeboren. Wir sind unendlich, allgegenwärtig, jenseits von Ursache und Wirkung, und immer frei!

Noch ein Schritt ist notwendig, um zu einem logischen Schlusse zu gelangen. Wenn wir jenseits des Gesetzes stehen, müssen wir allwissend und ewig glückselig sein, alles Wissen, alle Macht und alles Glück muß in uns sein. Ja, wir sind das allwissende, allgegenwärtige Wesen dieses Weltalls! Aber kann es viele solcher Wesen geben? Kann es hunderttausend Millionen allgegenwärtiger Wesen geben? Sicherlich nicht! Wir sind nur Eines. Es gibt nur ein einziges Selbst, und dieses Selbst sind wir. Hinter dieser winzigen Natur steht das, was wir Seele nennen. Es gibt nur *ein* Wesen, *ein* Sein, das Ewig-Glückselige, das Allgegenwärtige, das Allwissende, das Geburtlose, das Todlose. »Durch Seinen Willen liegt der Himmel ausgebreitet, durch Seinen Willen wehen die Lüfte, durch Seinen Willen scheint die Sonne, durch Seinen Willen lebt alles. Es ist die Wirklichkeit in

der Natur, Es ist die Seele unserer Seele; nein, vielmehr: wir sind Es, wir sind eins mit Ihm.« Wo immer zwei sind, da ist Furcht, ist Gefahr, ist Ent-
zweiung, ist Streit. Wenn es nur Eines gibt, wer soll
wen hassen, wer soll mit wem kämpfen? Mit wem
sollen wir kämpfen, wenn alles Es ist? Hier ist die
Erklärung für die Wahrheit des Lebens, die Wahrheit des Seins. Hier ist Vollkommenheit — und das
ist Gott. Solange wir die Vielheit sehen, befinden
wir uns im Wahn.

»Wer in der Welt der Vielheit das Eine sieht,
In dieser ständig wandelbaren Welt, das Unwan-
      delbare,
Wem dieses Eine sich offenbart im eigenen Herzen,
Der nur hat ew'gen Frieden und kein anderer *.«

      Wisse denn, daß du Er bist; du bist der Gott
der Welt; »tat tvam asi!«

      Alle Vorstellungen: ich bin ein Mann oder eine
Frau, ich bin gesund oder krank, stark oder schwach,
ich hasse oder liebe, sind nur Sinnestäuschungen.
Hinweg mit ihnen! Was macht uns schwach? Was
macht uns furchtsam? Wir sind das *eine* Wesen des
Weltalls. Wovor fürchten wir uns? Wir wollen uns
erheben und frei sein! Es gibt nur ein Übel in dieser
Welt; das sind Gedanken und Worte, die uns schwä-
chen! Die Sünden, die der Mensch meiden muß, sind
Schwäche und Furcht. Was sollte uns erschrecken?
Wenn Sonnen bersten und Monde in Staub zerbrök-

      * Nach Katha Upanischad.

keln, wenn Welten auf Welten vernichtet werden,
was kümmert es uns? Wir sind unzerstörbar! Wir
sind das Selbst, der Gott des Weltalls. »Ich bin das
unbedingte Sein, das unbedingte Wissen, die unbedingte Glückseligkeit, ich bin Er.« Wie ein Löwe,
der aus seinem Käfig bricht, wollen wir unsere Ket-
ten zerbrechen und für ewig frei sein. Was fürchten
wir, was hält uns nieder? Unwissenheit und Ver-
blendung! Nichts kann uns binden. Wir sind der
reine-Eine, der ewig-Begnadete.

Weil alberne Toren uns sagen, wir seien Sünder,
sitzen wir in einem Winkel und weinen. Es ist eine
Dummheit, eine Gemeinheit, eine wahre Schurkerei,
uns zu sagen, wir seien Sünder: Wir sind alle Gott!
Sehen wir denn nicht Gott und nennen Ihn Mensch?
Wagen wir es, dafür einzustehen und gestalten wir
unser Leben danach! Wenn ein Mensch uns die Kehle
durchschneidet, setzen wir uns nicht zur Wehr, denn
wir selbst durchschneiden uns die Kehle. Wenn wir
einem Armen helfen, seien wir nicht stolz darauf; es
ist ein Akt der Selbstverehrung, auf den wir nicht
stolz zu sein brauchen. Sind wir nicht die ganze
Welt? Gibt es irgendeinen, der wir nicht sind? Wir
sind die Seele des Weltalls. Wir sind die Sonne und
der Mond und die Sterne, und wir scheinen überall.
Wir sind die ganze Welt. Wisse denn: Du bist Er.
Und wer dies erkannt hat und sein Leben danach
gestaltet, wird nicht mehr im Finstern wandeln.

Am Schluß des zweiten Bandes

befindet sich ein erklärendes Vokabularium